세계로 미래로 통일로

세계로 미래로 통일로

발행일	2023년 3월 27일		
지은이	곽길섭		
펴낸이	손형국		
펴낸곳	(주)북랩		
편집인	선일영	편집	정두철, 배진용, 윤용민, 김부경, 김다빈
디자인	이현수, 김민하, 김영주, 안유경	제작	박기성, 황동현, 구성우, 배상진
마케팅	김회란, 박진관		
출판등록	2004. 12. 1(제2012-000051호)		
주소	서울특별시 금천구 가산디지털 1로 168, 우림라이온스밸리 B동 B113~114호, C동 B101호		
홈페이지	www.book.co.kr		
전화번호	(02)2026-5777	팩스	(02)3159-9637

ISBN   979-11-6836-792-0 03340 (종이책)   979-11-6836-793-7 05340 (전자책)

이 책은 저자의 이전 저서 『윤석열 대 김정은』의 전면 개정판입니다.

(주)북랩 성공출판의 파트너

북랩 홈페이지와 패밀리 사이트에서 다양한 출판 솔루션을 만나 보세요!

홈페이지 book.co.kr   •   **블로그** blog.naver.com/essaybook   •   **출판문의** book@book.co.kr

작가 연락처 문의 ▸ ask.book.co.kr

작가 연락처는 개인정보이므로 북랩에서 알려드릴 수 없습니다.

윤석열 VS 김정은

新 한반도 그레이트 게임

세계로 미래로 통일로

곽길섭 지음

북랩

♥

바른 통일을 염원하는 분들께

이 졸저_{拙著}를 올립니다

통일은 현실이고 과정이다

"통일은 이상과 목표가 아니라 현실이고 과정이다". 저자의 지론이다. 우리 사회는 그동안 통일과 관련한 합리적 목소리가 통일지상주의, 체제대결과 같은 양극兩極의 정책에 압도되어 설 자리가 좁았던 게 사실이다.

바른 현실진단에 기초한 구체적 방법론은 없고, 의욕과 당위성만 넘쳐 난다. 현실론, 신중론, 조화론을 얘기하면 '반反 ○○주의자', '회색 ○○'로 치부된다. 이른바 낙인(주 홍글씨: scarlet letter)이다. 그러나 이제는 말해야 한다. 우리

모두가 좀 더 냉철해져야 할 때라고! 보다 큰 생각을 해야 할 때라고!

미몽迷夢에서 깨어나 북녘을 보자.

김정은은 모든 대화와 교류협력을 거부한 채 한 손에는 핵·미사일을 또 한 손에는 통일전선전술이라는 방망이를 쥐고 마구 흔들어 대고 있다. "평화냐 전쟁이냐"의 그릇된 이분법을 강요하고 있다. 김정은의 목표는 평화통일이 아니다. 잠정적으로 힘을 기를 때까지는 2개의 조선, 궁극적으로는 한반도 적화통일을 노리고 있는 게 확실하다.

한편 눈을 돌려 세계를 바라보자.

지금 지구촌은 그야말로 약육강식의 정글이다. 국가이익 쟁탈을 위한 유무형의 갈등과 대결, 전쟁이 하루가 멀다 하고 일어나고 있다. 물론 선의의 국익경쟁도 치열하다. 이런 상황에서 그 어느 주변국도 선뜻 한반도 통일에

세계로 미래로 통일로

마음을 열 것 같지는 않다.

그럼 이같은 구조, 상황하에서 우리가 해야 할 일은 무엇일까?

대북 직선로, 일방로만 고집해서는 안된다. 그래서 저자는 '통일로'가 먼저가 아닌 『세계로 미래로 통일로』를 제목으로 한 책을 내놓는다. 우리 속담에 "모로 가도 서울만 가면 된다", "시간이 모든 것을 말해 준다"는 말이 있다.

통일로 가는 길은 여러 갈래가 있다. 곧은 길이 막히면 돌아가는 지혜를 발휘해야 한다. 지금은 직선 길은 물론이고 '세계로 미래로'라는 조금 더딘 우회 길을 통해 '통일로' 가야 할 때라는 것이다.

대한민국은 세계 열 손가락 안에 드는 경제대국이다. 세계 6위의 군사강국이다. 북한과의 국민총생산GNP 격차가 50배를 넘은 지 이미 오래다. 이런 대한민국이 왜 "김정은 수석대변인, 바보 멍청이" 같은 소리를 들어가며 북한에 매달리는지 도무지 이해할 수 없다.

또한 민족과 남북통일보다는 개인과 지구촌 세계에 더 많은 관심을 보이는 젊은 세대 시각에 대해 우려하는 데도 동의하지 않는다. 모든 현상에는 결과가 있으면 원인이 있기 마련이다. 우리 청소년들 중 그 어느 누가 북한에 가보았고, 메일을 주고받고 있고, 친구가 있는가?

다행히 윤석열 정부는 지난 정부와 달리 첫 단추를 잘 꿰었다.

▲민족과 국가의 균형적 조화, '글로벌 충추 국가'를 지향하면서 ▲힘에 의한 평화, 국제사회와의 적극적인 연대를 통한 북한 변화, 한반도 평화체제 구축 ▲자유 통일한국 건설을 강조하고 있다. 그야말로 어렵고 더딘 길이지만, 진정한 평화와 통일의 초석을 깔고 있다. '담대한 구상'과 '인태전략'은 이런 로드맵의 일환이다.

우리는 더 이상 한반도 문제의 중재자, 촉진자가 아니다. 제1당사자이다. 우리가 기준을 만들고 북한과 국제사회를 선도해 나가야 한다. 그 누구의 선의를 기대해서는 안 된다. 북한에 대한 정확한 정보와 더 높아진 국격, 더 커진 국력만이 자유 통일한국의 길을 열어 준다.

이렇게 하기 위해서는 ▲장기적 시각을 가지고 ▲미국 등 유관국과의 긴밀한 공조하에 튼튼한 안보태세를 구축하면서 ▲북한을 당당하게 상대(제재와 압박,인도적 지원) 하고 ▲세계의 가치, 문화, 무역, 첨단기술발전을 리드하는 한국으로 발돋움 해나가야 한다. ▲특히 국민들이 북한을 피상적으로 알고 소망적으로 상대하지 않도록 다양한 채널을 통해 정확한 정보를 제공해야 한다.

그러면 핵을 가진 김정은도 달리 뾰족한 수가 없다. 북핵 피로감, 안보 딜레마에 휩싸일 것이다. 그때가 우리가 주도하는 남북대화의 적기的期이며, 진정한 평화와 통일의 길로 나아갈 수 있다.

혹자는 이같은 방안을 분단 고착화, 흡수통일 정책의 연장선이라고 비난할지 모른다. 그러나 절대 아니다. 단지 남과 북 어느 사회가 국민과 민족의 '삶의 질 향상'을 위해 진정으로 노력하는지 선의의 경쟁을 해보자는 것이다.

지금까지는 자유민주주의 체제의 우월성이 입증되었다. 대한민국의 경제발전과 민주화, 한류는 한반도 남쪽을 넘어 북한과 세계에 영향을 주고 있다. K-콘텐츠가 세계인을 열광시켜 하나가 되게 하듯이, 대한민국의 국격과 국력이 자연스럽게 북한으로 흘러들어 간다면 그게 바로 통일임을 확신한다.

일찍이 손자는 "상대를 알고 나를 알면 백번 싸워도 위태롭지 않다"知彼知己 百戰不殆라고 했다. 통일로 가는 길도 상대를 알고 나를 알아야 한다. 그래서 이번 책은 제1편이 지피知彼 편이며, 제2편이 지기知己 편이다. 제1편에서는 김정은의 대전략과 대남전술 등 10가지 테마를 다루었으며, 제2편은 통일을 위한 대한민국의 바람직한 대응방안을 수록하였다. 특히 제2편의 7건은 2022년 5월에 출간했던 『윤석열 대 김정은』 책자에 포함되었던 내용을 업데이트 한 것이다. 따라서 개정·증보의 성격도 있다.

이번 책의 가장 큰 특징은 36년간 북한 문제를 다루고 있는 저자가 어렵고 복잡한 소재인 김정은과 북한, 통일의 방향 등에 대한 기본개념을 알기 쉽게 개념화, 설명해 주고 있는데 있다. 특히 테마별로 서술하고 있어 전체가 아닌 한 가지 주제만 읽어도 좋다는 것이다. 아무쪼록 다양한 분야 에 있는 많은 분들에게 도움이 되는 책이 되었으면 한다.

끝으로 졸고가 아름답게 되어 나오는 과정에 수고를 해 주신 분들께 감사 인사를 드리고자 한다. 먼저 제 인생의 등불이자 동반자인 권미애, 곽기광, 곽기욱, 곽기열, 누리 마리벨라하임(반려견묘)를 비롯한 가족들, 바쁜 일정에도 상큼한 책을 만들어 주신 도서출판 북랩 관계자님들께 고 마운 마음을 전한다.

아울러 지면상 일일이 이름을 거명할 수 없지만, 고인이 되신 곽정탁·정화영·김순자 부모님과 저를 한결같이 아껴주는 곽광섭·정봉영 등 친지들 그리고 지금 이 순간에도 안보와 국익을 위해 국내외 각지에서 정진하고 있는 선후배·동료 여러분들의 건승도 함께 기원한다.

　　통일은 현실이고 과정이다. 세계로 미래로 통일로!

2023년 봄날에
천장산 기슭 봉아재逢我齋에서
수산 곽길섭

윤석열 대對 김정은 서문

윤석열과 김정은, 남과 북의 두 승부사 만남이 시작되었다. 과연 이 두 지도자가 벌일 신新 한반도 게임은 어떤 모습으로 전개될까?

올 3월 말 저자는 정론·화합·정론을 모토로 하는 원코리아센터 출범 5주년(2022.4.28.)에 즈음하여 문재인 정부 5년 대북정책 실패의 교훈을 담은 '징비록' 성격의 『북핵과 분단을 넘어』를 출간하였다.

공교롭게도 ▲원코리아센터 5년과 문재인 정부 5년이 겹치는 데다, ▲2022년 작금의 한반도 핵위기 상황이 5년 전과 거의 데자뷰deja vu: 북핵 능력은 질·양적으로 더욱 증대로 진행되고 있고, △김정은의 실체·전략전술을 알기 쉽게 서술한 책이어서, 독자들로부터 "시의적절하고 유익하다"는 평을 듣고 있다.

이번에 그 후속편으로 저의 국가안보 관련 평소 생각과 새 정부의 바람직한 대북정책 방향을 담은 소책자를 세상에 내놓는다.

이번 책은 제20대 대통령 선거가 끝난 직후부터 '김정은 對 윤석열' 타이틀로 데일리NK '곽길섭 북한정론' 코너에 게재(3.11~5.4)한 7건의 시리즈물을 엮은 것이다.

형식은 정론이지만, 실제는 '알기 쉬운 정책판단 건의서', '김정은 대응 매뉴얼' 성격을 띠고 있다.

제 정론을 본 지인들이 "어려운 주제를 쉽게 풀어 썼다. 현실적이고 미래지향적인 글이다. 보다 많은 사람들이 읽어 보면 좋겠다"는 긍정적인 피드백을 해주어 출간을 결심하게 되었다.

요즘은 짧은 게 대세다. 동영상도 길면 보지 않는다.

이번 책은 그야말로 '작고 짧은' 핸드북hand-book이다. 그렇지만 ①국가안보시스템 혁신 방향 ②북한 비핵화(무용화) 전략 ③북한체제 변화를 위한 전략적 방안 등과 관련한 '큰' 화두話頭를 담고 있다.

이 가운데 안보기관 재편 방향, 북핵 전략 등과 관련한 일부 아이디어는 이미 정책에 반영되고 있으며, 시간적·법률적 한계로 당장 도입하기 어려운 문제들은 장기과제로 검토될 것으로 보인다.

아무쪼록 새 정부 안보관계자를 비롯하여 대한민국의 밝은 미래를 꿈꾸거나 설계하는 분들에게는 현재든, 미래든 어떤 형태로든 도움이 될 거라고 생각한다.

이 기회를 빌어, 대통령과 국민들에게 다시 한 번 당부한다. 북한은 핵무기와 강요된 일심단결을 "강위력한 무기"라고 선전하며 자유 대한민국을 위협하고 있다. 그렇지만 너무 불안해할 필요는 없다. 대비만 잘 하면 된다.

우리는 핵은 가지고 있지 않지만 3축체계(킬 체인, 한국형 미사일방어체계, 대량응징보복)와 한미동맹, 국민 개개인의 다양성variety이라는 어머어마한 자산을 가지고 있기 때문이다.

절대 조급하게 생각하지 말고, 안보태세를 더욱 튼튼히 구축하면서 대전략과 원칙, 국익에 입각한 대화와 협력을 당당히 추진해 나가면 된다. 시간은 북한 편이 아니라 우리 편이다. 힘이 곧 평화다.

끝으로 필자의 안보정책 16자 방침, '유비무환, 국론통합, 주동작위, 적수천석'을 거듭 강조하면서 이 책을 상큼하게 만들어준 도서출판 북랩 관계자들에게 감사드린다.

아울러, 여러 가지 어려운 상황 속에서도 불철주야 묵묵히 헌신하고 있는 현직 후배들을 비롯하여 안보부처·학계·단체 등 다양한 분야에서 국가안보와 통일의 초석礎石이 되기 위해 활동하고 있는 모든 분들의 건승을 기원한다.

새 정부와 자유 대한민국, 통일한국의 밝은 미래를 위하여!

2022년 늦은 봄날에
천장산 기슭 원코리아센터에서
수산 곽길섭

차례

제2편 지기 知己

제1편

知彼

지피

知彼知己 百戰不殆

백번 싸워도 위태롭지 않다.

상대를 알고 나를 알면

— 손자

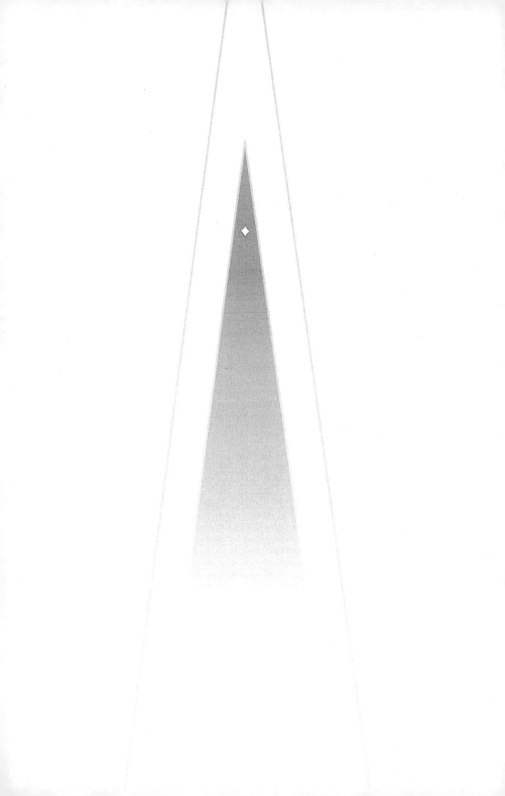

신新 한반도게임

대한민국은 대전환기의 한복판에 서 있다. 세계는 유무형의 다양한 경쟁과 전쟁, 코로나19와 기후위기 등으로 불확실성이 그 어느 때보다도 커지고 있다.

남북 관계도 시계 제로다. 젊은 독재자 김정은이 집권 10년차를 지나면서 그동안 갈고 닦아온 핵발톱을 가감없이 드러내고 있기 때문이다. 지난해 9월 8일 핵 선제공격 정책을 법제화한 북한이 두 달 뒤 발사한 미사일은 1953년 휴전 이래 처음으로 강원 속초시 앞바다에 떨어졌다. 그런가 하면 12월에는 북한 무인기가 서울 상공을 마음대로 휘저은 뒤 귀환했다.

이에 대해 윤석열 대통령은 우월한 전쟁 준비 지시와 비례 대응으로 응수했다. "도발 시 100배, 1,000배 보복"과 "전술핵 재배치, 자체 핵무장 필요성 검토" 의지까지 천명했다. 바야흐로 강대강 대결의 먹구름이 한반도 상공을 짙게 드리우고 있다.

지정학 귀환과
新냉전 구도

이에 더해 한반도는 탈냉전·세계화의 거대한 물결에 휩쓸려 한쪽 구석으로 밀려났었던 지정학이 귀환하여 '한미일 대 북중러'의 신新냉전 구도가 형성되고 있다. 정치는 이전투구로, 경제는 끝없는 미로로, 사회는 갈등과 양극화로 치닫고 있다.

한반도 이슈는 민족을 넘어 국제문제이다. 이런 이중성은 해방과 분단 과정은 물론이고 냉전기 6.25전쟁, 탈냉전기 북핵문제를 비롯한 체제경쟁 레이스에서 확연히 입증되고 있다. 그렇지만 최근 다시 형성되고 있는 '한미일 대 북중러' 구조는 과거 냉전기와는 사뭇 다르다.

무엇보다도 대한민국의 세계 속 위상이 완연히 달라졌다. 한국은 추격자follower가 아니라 선도자leader로 자리매김했다. 동·서진영

세계로 미래로 통일로

도 '자본주의 대 공산주의'의 단선적 개념은 더 이상 적용되지 않는다. 진영이 어디에 속하든 국가 간 갈등과 협력의 병행은 선택이 아닌 필수다. 게다가 각 진영 내 협력에도 한계가 있다. '한-일'과 '중-러' 관계에서는 언제든지 파열음이 나올 수 있다.

미일중러의 대한반도 정책의 최우선 기조는 '국익national interest'이다. 가치도, 동맹도, 연대감도 국가이익보다 우선할 수 없다. "세계는 영원한 적도, 영원한 우방도 없다. 오로지 영원한 이해관계만 있을 뿐이다"라는 19세기 영국 외무상 파머스턴 경의 명언은 지금 이 순간에도 되새겨야할 금과옥조다.

한반도를 둘러싼 주변국의 예상 행보를 간략히 짚어보면, 미국은 바이든식 미국 우선주의America first와 중국 포위망 구축의 전략적 기조하에서 대한민국과의 공조 강화와 북핵문제의 원칙적·장기적 해결을 추구할 것이다. 그러나 중국은 미국과의 갈등이 심화되는 구조하에서 한미동맹 강화 견제, 북한 후원국으로서의 역할 강화 이외의 별 다른 대안이 없어 보인다. 이밖에 우크라이나와 전쟁을 치르고 있는 러시아, 그리고 전쟁을 할 수 있는 나라로 변모를 꾀하고 있는 일본은 '자기 코가 석 자'여서 한반도에 대한 영향력 행사는 제한적일 것으로 예상된다.

김정은의
3·3 구상

김정은은 27살의 젊은 나이에 권력을 승계했다. 후견인들과의 공동통치를 거부하고 빠르게 홀로서기에 성공했다. 핵개발의 가속페달을 밟아 북한을 '사실상의 핵보유국'에 진입시켰다. 이같은 통치행위가 과연 즉흥적·독단적 행동일까? 아니다. 나름의 계산과 시나리오, 목표를 가지고 진행되었다고 보는 게 합리적이다.

김정은의 대전략은 주민생활지침서bible라고 할 수 있는 유일영도체계 확립을 위한 10대 원칙을 수정(2013.6)하여 "백두혈통으로의 영구 승계" 문구를 삽입한 점과 집권 이후 2016년과 2021년에 개최한 당대회 규약에서 선대의 "전 한반도 공산화 통일" 유훈을 계승해 나가고 있는 데서 잘 나타난다. 오히려 2022년 9월 핵정책 법령 전문과 제1조에 "령토완정"표현을 명시하여 적화통일 야욕을 보다 적나라하게 드러냈다. 이같은 동향과 김정은 지시·정책행보 등을 종합적으로 고려해 볼 때, 김정은의 대전략grand strategy은 3가지로 대별된다. 첫째 김씨 일가의 영구집권 기반 구축, 둘째 사회주의 강국 건설, 셋째 한반도 공산화 통일이다.

그럼 이같은 김정은의 대전략을 이행하는 수단tool은 무엇일까?

가장 대표적인 게 핵·미사일 전력 강화, 다른 하나는 북한사회 개조이며, 셋째는 통일전선전술이다.

'핵=북한=김정은=미래세대'는 이미 돌이킬 수 없는 등식이다. 김정은이 집권 이후 '제2고난의 행군'을 감수하며 모든 자원을 핵개발에 투입하는 이유도, 천진난만한 어린 딸을 전략미사일 발사 현장을 비롯한 군관련 행사에 데리고 다니는 비정한 아버지의 모습을 보이는 것도 다 이 때문이다.

다음으로 북한사회 개조는 경제난에 가려져 잘 보이지 않는 분야다. 김정은은 대북제재를 감수하며 핵개발을 진행하고 있다. 그러나 주민안녕을 무시하는 독재자의 관점에서만 봐서는 안 된다. 김정은은 코로나19 위기 국면에서도 문재인 정부와 국제사회의 지원 제의를 일절 거부했다. 이유는 단 하나다. 국경을 막아놓고 새로운 북한사회 재건을 꿈꾸었다. 장마당 통제 등 사회주의계획경제 시스템 복원과 외부 자유사조 차단을 위한 반동사상문화배격법 제정은 그 절정이라고 할 수 있다.

마지막으로 통일전선전술은 핵개발과 북한사회 개조가 어느 정도 진행되었다고 판단될 때 취할 정책이다. 그때가 바로 지금이라고 할 수 있다. 김정은의 핵 공갈과 김여정의 반윤석열 투쟁 공개

촉구, 다양한 미사일 도발, 무인기 침투 공작 등은 대한민국 내 친북 세력, 사이비 평화주의자들에게 모종의 시그널을 보내는 것이다.

북한의
정면돌파전

김정은은 올해 신년사를 대체한 당전원회의(2022.12.26.~31.) 사업 총화 보고를 통해 "핵에는 핵으로, 정면 대결에는 정면 대결로"를 천명했다. 상반기에는 긴장이 고조될 대형 정치 이벤트들이 줄줄이 있다.

2023년 들어 최첨단 무기들이 총동원된 대규모 열병식이 진행되었으며 연례적인 한미합동군사훈련에 대응한 맞도발이 있을 것이다. 특히 이미 예고된 정찰위성 발사, 대륙간탄도미사일ICBM 정각발사, 7차 핵실험 등도 적절한 시기를 저울질 할 것이다. 6월 25일부터 7월 27일까지는 반미투쟁월간인데 올해는 이른바 전승(휴전) 70주년이 되는 해이므로 반제·반미 대결 분위기를 더욱 고조시킬 것이다. 하반기에도 8월 한미합동군사훈련, 9월 북한 정권 창건 75주년 등이 계속 이어진다. 그리고 지난 1월 최고인민회의에서는 올해를 "생산토대 정비보강의 해"로 규정했다.

이같은 동향을 종합해 볼 때, 북한은 올 한해 동안 대화 재개를 통한 비핵화·경제난 타개보다는 중·러와의 공조하에 핵전력 고도화에 더욱 박차를 가하면서 경제적으로 그럭저럭 버티기muddling through, 사회적으로는 부정부패와 외부 사조 척결 등을 통한 북한 사회 재정비resetting에 주력해 나갈 것으로 보인다.

국가안보 전략과 조직, 국격에 맞게 재정비할 때

문재인 정부는 대북 일방통행one-way 전략전술로 나라의 안위를 위태로운 지경으로 몰아넣었다. 다행히 윤석열 정부는 첫 단추를 잘 꿰었다. 그러나 혹여라도 여론의 압박이나 북한의 위장 전술에 휘둘려 그간 보여준 자세를 흐트러서는 안 된다. 대북 직선로도 중요하지만, 지금은 우회로, 즉 '세계로, 미래로, 통일로' 전략전술에 보다 공을 들여야 할 때이다. 그래야만 김정은이 우리를 쉽게 보지 않게 할 수 있으며, 단절없는 남북 관계를 만들어 나갈 수 있다.

자유 대한민국의 힘은 비교할 수 없는 국력과 다양성이다. 북한의 50배가 넘는 경제력, 세계 6위 군사력, 70년 한미동맹관계, 세계를 선도하는 K-콘텐츠 등에 대한 자신감을 가지고 북한 행동에 일희일비하지 말고 당당하게 대처해 나가야 한다. 김정은에게 요구할 것은 요구하고 포용할 것은 포용하는 자세가 필요하다.

보다 구체적으로는 먼저 수비defence: 자주국방+미국의 핵확장억제력를 튼튼히 하면서 공격offence: 대북제재+북한체제 정상화 활동을 지속 강화해 나가야 한다. 우리가 가야할 길은 장기적 관점하에 가치와 원칙에 기초하여 세계로 나아가면서 북한을 정공법으로 상대해 나가는 것이다. 서두를 필요도 없고, 두려워할 필요도 없다. 자신감을 가지고 당당하게 나가면 '시간은 우리 편'이다.

좀 더 구체적으로 첫째, 정부는 미국과의 글로벌 포괄적 전략동맹을 기초로 한 자주국방, 핵 공유 등 위기 관리 능력을 강화하면서 세계를 리드해 나가는 자유 대한민국을 건설해 나가는데 더욱 박차를 가해 나가야 한다. 그러면 김정은이 초조해질 수밖에 없다.

둘째, 북한 비핵화와 남북공동체 건설 촉진을 위해 윤 대통령이 제시한 '담대한 구상'을 비롯 남북 간 대화와 교류 협력, 인권 개선에 북한이 호응해 나오도록 지속 촉구한다. 대의명분은 국가의 기본 품격이자 훌륭한 전략전술이다.

셋째, 북한의 7차 핵실험 등 예상되는 도발에 대한 레드라인을

세계로 미래로 통일로

미리 선포하고 제재수위 제고, 대북 심리전 재개, 국민 계도활동 강화, 핵 민방위훈련 실시 등 상응 조치를 취해 나가야 한다.

넷째, 북한 체제 정상화를 위한 활동(5화: 비핵화, 자유화, 시장화, 세계화, 친한화) 가운데 자유화와 친한화 활동에 보다 중점을 두어 민관군이 전방위적-유기적, 공개-비공개적으로 추진해 나가야 한다. 북한에 핵이 있다면 우리에게는 다양성이라는 비대칭 무기가 있다.

다섯째, 이같은 활동을 체계적으로 뒷받침하기 위해서는 국가안보시스템을 높아진 국격에 맞게 새롭게 재정비해야 한다. 지난 정부에서 망가질 대로 망가진 국가 및 부문정보기관들을 각 기관별 리모델링remodelling 수준을 넘어 제로 베이스에서 재구축rebuilding 하는 문제도 숙고해야 한다. 9.11테러 이후 미국이 발전시킨 '정보 공동체' 개념을 도입하는 것도 하나의 방법이다.

더는 물러설 곳이 없다

중국의 가장 오래된 역사서인 사기史記는 "결단해야 할 때 결단하지 않으면, 도리어 화를 입는다當斷不斷 反受其亂: 당단부단 반수기난"고 강조했다. 우리는 더 이상 물러설 곳이 없다. 북한이 불법으로 핵을 보유하고 위협하는 벼랑 끝에 서 있다. 새로운 각오로 대응 태세를 차분하게 정비하면서 필요한 경우는 단호히 결심해야 한다. 긴장 수위를 마냥 높이자는 것이 아니다. 당연히 평화를 지향해야 하지만 한가롭게 평화 타령만 해서는 안 된다는 것이다. 평화를 지키는 것도 힘이고, 만드는 것도 힘이기 때문이다.

윤석열 정부가 천길 낭떠러지에서 손을 놓는 '현애살수懸崖撒手'의 기백과 로마의 최전성기를 이끈 아우구스투스 황제의 '천천히 서둘러라Festina lente' 정신을 거울로 삼는다면, '윤석열 대 김정은' 승부는 자연스럽게 결론 날 것이다.

북한의 체제목표 관련 원문 참고자료

○ 3대 목표

- (8차당대회 규약: 의미는 7차 당대회*와 동일/분식 수정) 조선로동당의 당면목적은 공화국 북반부에서 부강하고 문명한 사회주의사회를 건설하며 전국적 범위에서 사회의 자주적이며 민주주의적인 발전을 실현하는 데 있으며 최종목적은 인민의 리상이 완전히 실현된 공산주의 사회를 건설하는 데 있다.

   * 7차 당대회: 조선로동당의 당면목적은 공화국북반부에서 사회주의강성국가를 건설하며 전국적 범위에서 민족해방민주주의혁명의 과업을 수행하는 데 있으며 최종목적은 온 사회를 김일성-김정일주의화 하여 인민대중의 자주성을 완전히 실현하는 데 있다

○ 해외동포 통일전선과 핵에 기초한 통일 노선 신규 추가

- 조선로동당은 전 조선의 애국적 민주력량과의 통일 전선을 강화하며 해외 동포들의 민주주의적 민족 권리와 리익을 옹호보장하고 그들을 애국애족의 기치아래 굳게 묶어세우며 민족적자존심과 애국적 열의를 불러일으켜 조국의 통일발전과 륭성번영을 위한 길에 적극 나서도록 한다.

- 조선로동당은 남조선에서 미제의 침략무력을 철거시키고 남조선에 대한 미국의 정치군사적 지배를 종국적으로 청산하며 온갖 외세의 간섭을 철저히 배격하고 강력한 국방력으로 근원적인 군사적 위협들을 제압하여 조선반도의 안전과 평화적 환경을 수호하며 민족자주의 기치, 민족대단결의 기치를 높이 들고 조국의 평화통일을 앞당기고 민족의 공동번영을 이룩하기 위하여 투쟁한다.

  * 7차 당대회: 조선로동당은 전조선의 애국적민주력량과의 통일전선을 강화한다//조선로동당은 남조선에서 미제의 침략무력을 몰아내고 온갖 외세의 지배와 간섭을 끝장내며 일본군국주의와 재침책동을 짓부시며 사회의 민주화와 생존의 권리를 위한 남조선 인민들의 투쟁을 적극지지 성원하며 우리민족끼리 힘을 합쳐 자주, 평화, 민족대단결의 원칙에서 조국을 통일하고 나라와 민족의 통일적 발전을 이룩하기 위하여 투쟁한다.
  ※ 출처: 이상 북한의 7,8차 당대회 규약

○ 핵정책 법령 전문前文에 '령토완정' 표현 명기

- 조선민주주의인민공화국의 핵무력은 국가의 주권과 령토완정, 근본리익을 수호하고 조선반도와 동북아시아지역에서 전쟁을 방지하며 세계의 전략적 안정을 보장하는 위력한 수단이다.
  ※ 출처: 조선민주주의인민공화국 핵무력정책에 대하여(2022.9.8.)

김정은 리더십과 통치역량

　김정은은 어떤 지도자인가? 공식 집권 완료(2012.4)를 기준으로 해도 어느덧 10여 년이 지나고 장기 집권 지도자 반열에 올라섰다. 강산이 한번 바뀌는 사이에 위상도 크게 변했다,

　김정은은 3형제 중 막내임에도 불구하고 후계자로 낙점되었다. 27살의 젊은 나이에 최고지도자로 등극한 이후에는 아버지가 권력 안정을 위해 고심 끝에 만들어 놓은 후견체제를 피의 숙청을 통해 붕괴시키며 〈조기 홀로서기〉를 감행하였다.

　그리고 핵·미사일 개발에 올인하여 북한을 〈사실상의 핵보유국〉 지위에 올려 놓았다. 여기에만 그치지 않았다. 비핵화 협상에 이어 핵 선제타격 카드까지 꺼내 들고 주변국을 공격적으로 압박

하고 있다.

김정은에 대한
다양한 평가

우리는 이런 김정은의 모습을 어떻게 해석해야 할까? 김정은에 대한 평가는 다양한 관점이 혼재하고 있다. 일각에서는 부자세습을 통해 권력을 물려받은 애송이 젊은 지도자, 피도 눈물도 없는 폭군暴君으로 묘사하며 미래가 극히 불투명하다고 평가한다. 또 다른 한편에서는 뉴리더, 전략가, 심지어는 북한 선전매체처럼 애민愛民 지도자로까지 칭송하고 있다.

그러나 국가지도자에 대한 평가는 냉철하고 객관적이어야 한다. 과거에만 매몰되어 꼭 보아야 할 부분을 놓치거나, 소망성 사고wishful thinking에 기초하여 보고 싶은 것만 보아서는 안 된다. 왜냐하면 인간은 내면과 외면의 세계를 함께 가지고 있으며, 주변과 상호작용하며 끊임없이 진화하기 때문이다.

더구나 한 국가의 지도자는 개인의 차원을 넘어 안보 · 국익이라는 대의大義를 위해 자신을 버리거나, 분식粉飾하거나, 다른 사람 · 조

세계로 미래로 통일로

직·국가를 희생물로 삼아야 하는 운명을 가지고 사는 사람이다. 특히 김정은은 김일성-김정일에 이어 3대째 철권통치를 휘두르며, 이른바 극장국가Theatre state의 지도자 역할을 충실히 수행하고 있다.

김정은
심리구조

인간은 사회적 동물이다. 현대 정신분석학과 분석심리학은 한 개인을 분석할 때 그가 성장하면서 겪었던 다양한 환경과 무의식에 주목한다. 따라서 김정은의 성장기부터 최근까지의 심리상태를 추적해 보는 것은 그의 통치행태를 평가하고 전망하는 데 있어 매우 유의미한 과정이다.

김정은은 특이한 환경 속에서 어린 시절과 청년기를 보냈다. 혈기 왕성한 왕손이었지만 서자庶子·삼남3男이라는 태생적 한계 속에서 성장하였다. 그리고 학교생활을 하며 같은 또래의 친구들과 어울리기보다는 사교육 위주로 학습을 받았다. 그리고 20세 성년이 되자마자 정신적·정치적 보루였던 어머니와 조기 사별(2004.5/52세)하는 아픔을 겪으며 엄혹한 권력투쟁의 장場에서 혼자 힘으로 일어서야 했다. 후계자로 낙점된 이후에는 자신을 버리고 김일성의 아바타가 되어야 했다. 이런 과정에서 다양한 콤플렉스가 형성되었으며, 이한 성격이 권력장악과 통치과정에서 긍정적으로 승화되고 있거나 부정적으로 표출되고 있다.

스위스 정신분석학자인 칼 융Carl Jung은 콤플렉스를 "강렬한 감정체험으로 형성된 심리적 집합체"로 규정하고 "단순히 열등의식과 같은 것으로 취급하는 것은 틀린 접근법"이라고 하면서, "열등감, 충동성도 자극하지만 우월감, 대환희의 감정도 일으킬 수 있다"고 강조하였다. 이러한 요인들을 고려하면서 그의 대표적 퍼스낼리티personality를 진단해 보면 다음과 같다.

먼저, 김정은은 앞서 간략하게 언급한 바와 같이 '서자·오이디푸스 콤플렉스'를 가지고 있다. 어린 시절부터 홍길동과 같은 삶, 즉 "할아버지를 할아버지로 부르지 못하며" 살아왔다. 오죽하면 북한이 '김정은=젊은 김일성' 이미지 조작을 선전사업의 제1목표로 추진하는 과정에서 김일성과 같이 찍은 사진 한 장 내놓지 못하고 있을까? 김정일이 고용희와 그 소생들의 존재를 알리지 않았거나, 김일성이 그 존재를 알았더라도 손자로 인정하지 않은 것이 분명하다. 아마 김정은의 청소년기는 모㈜의 은둔생활에 대한 의문, 어머니의 존재를 당당하게 밝히지 못하고 일과 주흥에 빠져 사는 아버지에 대한 원망 등으로 인해 질풍노도의 시기를 보냈을 개연성이 크다.

이런 내적 수치심과 불만 심리가 극명하게 표출된 것이 고모부 장성택을 비롯 김정일을 에워싸던 권력 실세들에 대한 잔인한 피의 숙청이었고, 그 마침표가 적장자인 김정남의 암살(2017.2.)이라고 할 수 있다.

이같은 김정은의 아버지에 대한 회한과 원망은 자연스럽게 '오이디푸스 콤플렉스'로 연결된다. 김정은은 집권 이후 선대 정책의 계승 발전을 천명하고 있다. 그렇지만, 실제적으로는 김정일이 한번도 하지 않았던 공개연설과 비행기 탑승, 각본없는 현지지도 등을 수시로 하고, 부인 리설주를 공식·비공식 행사에 대동하고, 김정일의 트레이드 마크인 선군정치를 종식시키고, 후견인들을 잔인하게 숙청하는 등 아버지가 짜놓은 틀대로 움직이지 않는 脫김정일out of Kim Jeong-il 행태를 많이 보이고 있다. 이런 일련의 모습들을 보면, 김정은의 내면세계에서는 '가장 닮고 싶지 않은 인물이 아버지일 가능성'도 배제할 수만은 없다.

다음으로, 변덕스럽고 분노를 조절하지 못하는 '경계선 성격장애Borderline personality disorder' 증상도 보이고 있다. 가장 대표적인 것이 인민무력부장 현영철의 즉결 처형이다. 2015년 현영철 숙청 이후 우리 사회에는 '졸면 죽는다'라는 표현이 유행어가 되었다. 북한군 서열 3위의 최측근이 4월 28일까지 김정은을 수행하다 이틀 후에 1분에 1,200여 발이 발사되는 대공화기로 처형되었다는 보도를 접한 많은 사람들은 그의 분노조절 장애를 의심하지 않을 수 없었다.

마지막으로, 이러한 콤플렉스는 부정적으로만 작용하는 게 아니라 핵개발 올인과 비핵화 협상 추진, 권력층 숙청을 통한 조기 홀로서기, 36년 만의 7차 당대회 개최 등과 같은 과감한 정책 추진으로 나타나고 있다. 이와 함께 부인 리설주 공식 행사 대동, 평양시 현대화 사업 추진과 최고, 일류 강조 등 변화와 파격을 적극 추동하고 있다.

상정 가능한 부정적 심리	긍정적 심리
○ 서자 콤플렉스 - 할아버지(김일성)를 할아버지로 부르지 못한 서러움 ○ 오이디푸스 콤플렉스 - 일반적인 남성 콤플렉스 - 어머니(고용희)를 은둔에서 살게 한 父에 대한 잠재적 증오감 ○ 경계선 성격장애 - 강한 지도자 이미지 강박감 - 충동적·잔인한 공개처형	○ 과감성 - 핵심실세 숙청, 핵개발 총력경주 ○ 변화·파격 지향 - 부인 공식행사 대동, 비핵화정책 전환, 한미중 정상회담 등 - 차남 콤플렉스/려명거리건설 등 최고,일류 강조 ○ 서구문화 동경 - 유학 시 문화충격, 비교의식 보유 ○ 낭만적 기질 - 천진난만, 솔직한 대화

따라서 우리는 김정은의 특정 성격만 부각해서는 안 되며, 매우 복합적인 심리 구조를 가지고 있는'두 얼굴Janus의 지도자'라는 가정하에 다양한 가능성을 열어두고 접근해 나가야 할 것이다.

김정은
리더십

일본의 정치심리학자 이리타니 도시오는『권력은 어떻게 만들어지는가』제하 저서(1996년)를 통해 권력장악 유형으로 '군주형'(도쿠가와 이에야스), '독재형'(스탈린, 후세인), '혁신형'(바웬사, 고르바초프)의 3가지 타입을 제시하였다.

김정은은 과연 어느 유형일까? 김정은이 김일성·김정일을 넘어서는 철권통치를 하고 있어 '독재형'을 쉽게 떠올릴 것이다. 그렇지만, 김정은의 권력장악 과정은 어느 한 가지 유형만으로는 설명할 수 없다. 보다 종합적 접근이 필요하다.

김정은이 집권 이후 취하고 있는 인사 및 대내외 주요 정책, 즉 고모부 장성택 숙청과 조기 홀로서기, 시장경제 요소 도입 확대, 박근혜 정부 출범 직전의 3차 핵실험 단행 및 이후 총 4차례의 핵실험과 백수십 차례의 미사일 발사시험, 이런 과정 속에서의 미국과의 판갈이 싸움, 예상을 뛰어넘은 핵개발 완료 선언(2017.11.29), 2018년 평화대공세로의 대전환과 정상회담에서의 합의 도출, 합의 불이행과 또 다른 벼랑 끝 기싸움 등은 결단이나 변화를 빼놓고서는 이야기할 수 없다. 심리분석기법인 '융의 성격 유형(8가지)'에 적용해 보면, 감각이 날카롭고 예측 능력이 우수한 '외향적 직관형'으로 분류할 수 있다.

따라서 이러한 통치행태를 고려해 볼 때, 김정은은 김정일처럼 신중하기보다는 야망을 마음속 깊이 벼르온 승부사형 지도자로 판단된다. 이같은 목표지향적 리더십은 어린 시절부터 형성된 공격적 성격에다 ▲권력층 조기 장악 필요성 ▲미국과의 대결구도하에서 정책을 추진해 나가야 하는 환경 ▲부족한 카리스마charisma 보전을 통한 정통성 확보와 김씨 일가 영구집권 기반 구축 의지 등이 종합적으로 어우러진 결과라고 할 수 있다.

세계로 미래로 통일로

〈표〉 김정일과 김정은의 차이점

구 분	김정일	김정은
출신 성분	적자嫡子	서자庶子
형제 서열	장남	막내
후계수업	노동당/30년	군·보위계통/3년
첫 공식승계	3년상 후/국방위 제1부위원장	김정일 사후 10일/군최고사령관
유학 경험	국내파	스위스(1996~2000년)
성격	내향적	외향적
후견인과 관계	공동 통치	숙청, 조기 홀로서기
친지 숙청	일선 후퇴	공개처형, 암살
영부인	미공개	공개/신드롬 유발
사생활	기쁨조/대연회	공연 관람/혼술
대중 연설	없음	다양한 형태 시도
이동 수단	비행기 이용 안함	비행기, 차 직접 운전
현지 지도	사전 각본	불시 시찰
정책 결정	밀실 통치	당정군 공식 회의체
용인술	핵심포스트 공석/직할통치	핵심포스트 측근 보임/잦은 교체
군부 인사	장기 보임	수시 롤러코스트 인사
체제 목표	강성대국	강성국가
수령관	무오류성	오류 인정
공산주의	공산주의 표현 삭제	당의 최종목표화
핵심 정치	선군先軍	선당先黨

구 분	김정일	김정은
통치시스템	국방위원회	국무위원회
핵정책	협상용	핵보유
군사력	재래식 전력	비대칭 전력
경제건설	기간산업	전시성 건설사업
남북관계	교류/통일	단절/2개조선
대외정책	친중일변도	다변화
대미관계	대결	정상회담

김정은의
위기관리 능력

김정은은 집권 이후 핵개발과 정면돌파전을 수행하는 과정에서 경제난은 물론 하노이 외교대참사, 권력층 복지부동, 사회기강 해이 등의 문제점에 직면하긴 했으나, 전반적으로는 그럭저럭 위기를 관리해 나가고 있다.

대표적인 성공·실패 사례 10가지를 고찰해 보면, 먼저 ①김정일 사후 절대 권력 공백기의 조기 권력승계 완료 ②고모부 장성택 숙청 등 공포통치 ③미국과의 '2.29 합의' 파기를 통한 공격적인 핵개발 정책으로 전환 ④개성공단 폐쇄 등 4건은 위험 요소가 있긴 하였지만 '先 정권 안정, 後 변화 발전'의 정책 기조라는 전반적인 측면에서 볼 때 플러스적 요인으로 작용하였다.

다음으로 ⑤DMZ 목함지뢰 도발 ⑥하노이 미북정상회담 노딜 이후 촉발된 남북관계 파국 국면 등 2건은 무오류의 수령 김정은의 리더십에 상당한 상처를 줌으로써 득得보다 실失이 컸다.

한편 ⑦3~6차 핵실험과 전략미사일 시험발사 ⑧국제사회의 대북제재 강화로 경제난 심화 등 향후 핵협상 성패 여부에 따라 득실이 결정될 것이다. 즉, 협상이 성공할 경우 '핵+경제실리 확보'라는 2마리 토끼를 잡을 수 있기 때문에 단기·가시적으로는 마이너스, 장기·잠재적으로는 플러스 사례로 평가된다.

마지막으로 ⑨코로나19 팬데믹pandemic 확산 ⑩미북회담 장기 고착화와 트럼프 대통령 퇴진 등과 같은 불가항력적인 환경 변화도 북한 체제운영에 크게 부담을 주고 있지만, 김정은은 이같은 위기 risk를 기회opportunity로 활용하려는 노력을 보이고 있다.

본질을 직시하고
대처해야

"상대를 알고 나를 알면 백번 싸워도 위험하지 않다"知彼知己 百戰不殆고 했다. 지금까지 살펴본 바와 같이 김정은은 만만치 않은 상대이다. 핵개발과 협상 전략전술을 비롯해 자신만의 대전략(가칭 '북한몽')을 가지고 있으며, 권력장악에 있어서는 인간이기를 서스럼없이 거부한다.

그리고 미국과의 판갈이 싸움도 주저하지 않는다. 이런 승부수를 통해 권력기반을 확립하고 조심스러운 변화를 모색하고 있다. 한편 전 세계로 방송되는 TV 카메라 앞에서 천연덕스럽게 거짓말도 하고, 자신을 음양으로 도와주고 있는 문재인 대통령에게 차마 입에 담을 수 없는 막말을 쏟아낸다. 극도의 다중 성격 보유자이다.

김정은은 트럼프와의 6.30판문점 깜짝회동에 대해 당일 기자들 앞에서 "많은 사람들이 (이번 만남이) 사전에 합의된 만남이 아니냐고 하는데, 자신은 정식으로 만날 것이라는 걸 오후 늦은 시각에야 알게 됐다"고 발언했지만, 이후 트럼프는 8월 15일 라디오 인터뷰를 통해 "자신이 29일 아침 판문점 회동 제안 트윗을 보낸후 채 10분도 안되어 김정은이 전화를 걸어와 놀랬다"는 일화를 소개하였다.

- 2019.6.30. 연합뉴스, 8.17. 동아일보 등
관련 기사 참조

세계로 미래로 통일로

그렇지만, 분명한 것은 북한체제는 과거와 다른 새로운 궤도에 진입해 있다는 사실이다. 따라서 겉으로 드러난 면과 함께 이면과 특수성을 종합적으로 고려하는 마인드가 더욱 필요할 때이다.

또한 고정관념bias이나 소망wish이 앞서면 판단에 오류를 범할 수 있다는 사실도 간과해서는 안된다. 한 사람이 아닌 여러 사람의 눈으로, 망원경과 현미경을 함께 가지고 철저히 분석, 대처해 나가야 한다. 혹시라도 김정은에 대한 판단을 잘못할 경우 현재를 사는 우리는 물론 후손들에게 엄청난 재앙으로 나타날 것이다.

상대와 국제정치 역학 등 사안의 본질을 직시하며 새로운 길을 당당히 개척해 나간 인물과 국가만이 위대한 평화번영의 시대를 열수 있다는 점을 명심해야 한다. 김정은은 콤플렉스와 야망을 지닌 승부사, 독재자, 냉혈한이다!

※ 동 정론은 『김정은 대해부』(2019.4 곽길섭/도서출판 선인)에 수록된 내용을 기초로 작성하였다.

김정은의 또 다른 커밍아웃 *coming out* : 령토완정

북한의 미사일 도발이 점입가경으로 치닫고 있다. 북한은 '핵무력 정책 법제화(2022.9.8.)' 이후 잠시 숨고르기를 하다가 한미연합합동훈련과 유엔의 대북제재 논의 등을 빌미로 전략·전술미사일 시험발사, 열병식 등으로 한반도 긴장 수위를 고조시키고 있다.

그런데 이것은 끝이 아니라 시작일 뿐이다. 앞으로 잠수함발사탄도미사일과 대륙간탄도미사일 시험발사, 핵실험 등 게임 체인저 *game changer* 수준의 전략도발도 예견되고 있다.

이번 글은 핵정책 법령에 포함된 2가지 커밍아웃, 즉 ①김정은의 "핵선제공격 정책" 공식화 이후 연쇄 도발과 ②언론·학계 등이 크게 주목하지 않은 가운데 지나간 "령토완정嶺土完整" 용어 명문화 사실이 갖는 함의를 고찰해 보고자 한다.

┃ 연쇄 도발

북한의 탄도미사일 집중 도발은 '핵 불포기-선제공격'노선 법령화에 따른 후속조치의 일환이다. 핵심 목표는 ①핵능력 지속 제고(=핵보유국 기정사실화) ②대남·대미 압박 강화(=비핵화 회담이 아닌 군축회담 여건 조성) ③남남갈등·한미이간 유도(=전쟁 공포감 조성으로 우리 사회 내 반정부·반미 활동 고무, 궁극적으로는 한반도 적화통일 여건 조성)의 3가지로 대별된다.

장기적으로는 미중 패권전쟁, 우크라이나 사태 등으로 형성되고 있는 '한미일 對 북중러' 新삼각연대 대결 구조에 기대어, 가치와 원칙을 중시하는 윤석열·바이든 정부와는 더 이상 대화와 타협의 여지가 없다는 점을 분명히 하면서 '2024년 트럼프 귀환과 빅딜'(이른바 『Again 트럼프와 함께 춤을』)을 노린 포석이라고 할 수 있다.

김정은과 트럼프는 2019년 2월 하노이에서 통큰 합의에 실패했지만, 27차례 친서를 주고받으며 케미chemistry가 형성되어 있고, 서로가 핵 협상 실패라는 정치적 부담을 털어내고 새로운 치적을 만들 필요가 있는 사이다. 따라서 미국의 대선 캠페인이 시작되는 2024년부터가 매우 주목되는 계기이다.

즉 김정은은 2023년까지를 혁명의 간조기에서 만조기로 가는 과도기로 평가하고, 이 기간 중에는 ▲핵 능력 고도화 ▲그럭저럭 버티기muddling through ▲대남 통일전선전술에 주력할 가능성이 크다.

령토완정

그런데 대한민국이 북한의 핵 위협, 미사일 연쇄 도발과 함께 주목해야 할 또 하나의 중요한 포인트point가 있다. 그건 바로 북한이 핵정책 법령 전문과 제1조에 "령토완정"을 명기한 점이다.

> "조선민주주의인민공화국의 핵 무력은 국가의 주권과 령토완정, 근본리익을 수호하고 조선반도와 동북아시아지역에서 전쟁을 방지하며 세계의 전략적안정을 보장하는 위력한 수단이다. //1. 핵무력의 사명: 조선민주주의인민공화국 핵무력은 외부의 군사적위협과 침략,공격으로부터 국가주권과 령토완정, 인민의 생명안전을 수호하는 국가방위의 기본력량이다."
>
> - 2022.9.8. 조선민주주의인민공화국,
> 『핵 무력 정책에 대하여』 전문 및 제1조

"령토완정"의 사전적 풀이는 "나라를 완전히 정리하여 통일한다"이다. 한국민족문화백과대사전은 "북한에서 사회주의체제로 한반도 전역을 완전히 통일하는 것을 가리키는 북한용어이다. 동 용어는 김일성이 정권을 수립(1948.9.9.)한 다음날에 발표한 '조선민주주의인민공화국 정부 정강'에서 처음 등장하였다"고 설명하고 있다.

　그러나 이후 북한은 동 표현보다는 "전국적 범위에서의 민족해방민주주의 혁명 과업 수행(=사회의 자주적이며 민주주의적인 발전 실현), 최종목적은 온 사회를 '김일성-김정일주의화' 하여 인민대중의 자주성을 완전히 실현(=인민의 리상이 완전히 실현된 공산주의 사회 건설)"을 주로 사용하였으며, 오히려 중국이 그들의 'One China' 노선을 강조하기 위해 많이 써 왔다. 이에 따라 북한은 중국 지도부와 친서 교환 시 중국을 지지하는 용어로 주로 사용했다.

　"중국 인민해방군이 최근 중국 대만섬 부근에서 전개한 일련의 군사훈련 활동은 공개적이고 투명하며 전문적이고 적절합니다. 도발자와 방해자에 대한 경고와 반격이고 국가주권과 영토완정을 단호히 수호하기 위한 정당하고 정의로운 조치입니다"

－ 2022.8.25. 중국 국방부 보도국 대변인

"총서기동지의 령도밑에 중국당과 정부와 인민이 당을 더욱 강화하고 사회주의현대화국가를 전면적으로 건설하며 국가의 주권과 령토완정을 믿음직하게 담보하기 위한 위업수행에서 보다 큰 성과를 거두기를 축원합니다."

- 2022.10.1. 김정은이 중국 시진핑에게 보낸 축전

북한이 "령토완정"을 공식 문서의 전략용어로 사용한 것은, 지난 2017년 11월 29일 미국 본토를 사정거리로 하는 화성-15호를 발사하고 국가 핵 무력 완성을 선언한 『공화국 정부성명서』 이후 2번째다. 최근에는 2021년 10월 외무성 대변인의 SLBM 시험 발사 후 대미 비난, 국경일 등 주요 계기 시 시진핑-푸틴 지지 성명 등에서 확인되고 있다.

"조선민주주의인민공화국의 전략무기 개발과 발전은 전적으로 미제의 핵공갈 정책과 핵 위협으로부터 나라의 주권과 령토완정을 수호하고 인민들의 평화로운 생활을 보위하기 위한 것이다"

- 2017.11.29. 중대보도/공화국 정부성명

김정은이 지난 9월 8일 핵정책 법령에 동 표현을 명기한 것은 ▲선대 유훈 계승과 관철 의지 천명 ▲전술 한반도 적화통일 노선 노골화 ▲대만문제를 둘러싼 미중갈등과 우크라이나 사태 국면에서의 시진핑-푸틴 지지입장 표명 등을 노린 포석이라고 평가된다.

정책적
고려점

이번 핵정책 법령에 포함된 "령토완정" 4글자는 노동당 규약 서문에 명문화한 "한반도 공산화 통일" 목표를 보다 적나라_{plainly}하게 표현한 문구라고 할 수 있다. 자의적 핵 선제공격 원칙 5가지의 폭발성에 가려져 크게 주목받지는 못했지만, 보다 근원적인 의미가 있다.

향후 북한은 ①핵정책 정당화와 위협 ②중국·러시아와의 공조 강화 ③더 나아가 북한정권 수립이후 일관되게 고수하고 있는 한반도 공산화 통일 노선 추구를 위해 "령토완정" 표현을 더욱 빈번하게 사용할 것으로 예상된다.

따라서 정부 관련 부처는 동 용어의 변천사와 함의, 김정은의 대전략 → 2021년 1월 8차 당대회 시 국방 및 무력 발전 5개년 계획 수립, 시행 → 2022년 6월 당중앙군사위에서의 전술핵 운용방안 토의 → 2022년 9월 핵정책 법제화 → 2023년 2월 당중앙군사위 확대회의에서의 전쟁준비태세 완비 지시 등을 정치_{精致}하게 분석 평가한 후, 대응책을 수립·시행해 나가야 할 것이다. 그래야만 김정은에게 당당하고, 국민을 안심시키며, 비핵화와 자유민주통일의 길로 나아갈 수 있다.

다시 한 번 강조한다. "령토완정"을 외치는 김정은을 과소평가 해서는 안 된다. 원론적·선언적 수준의 대처는 더더욱 안된다. 당당하고도 치밀하게, 최악의 상황까지도 가정하고 대비해야 한다. 상상하기도 싫지만, 핵을 보유한 김정은이 금강산 우리 측 관광시설 파괴·접수, 서북 5도 및 NLL 도발, 국가 기간전산망 사이버 공격과 같은 초강수를 둘 가능성도 배제할 수 없다.

이럴 경우 대한민국의 국론이 과연 통일로 뭉쳐질 수 있을까? 더 큰 희생을 막기 위해 북한과 타협해야 한다는 가짜평화주의자들의 목소리가 크게 나오지 않을까? 한미합동군사훈련 중단·폐지-주한미군 철수-연방제 통일을 논의해야 한다는 주장도 고개를 들지 않을까? 하는 걱정이 머리를 맴돈다.

북한의 각종 도발에 대한 예방 정보활동, 수면하水面下 중장기 전략전술에 대한 정확한 평가, 담대한 구상과 담대한 대응의 균형감 있는 접근이 그 어느 때보다도 중요한 시기이다.

저자 주장 반박글에 대한 재반론

북한이 『핵무력 정책에 대하여』 법령에 '령토완정' 표현을 명기한 (2022.9.8.)한 사실과 관련, 필자는 "김정은이 사실상의 핵보유국에 오른 상황에서 ①적화통일 노선을 더욱 명확히 하고 ②핵공갈을 노골화하기 위한 조치다"고 평가한바 있다.

그 이후 재미 친북인사를 비롯 일부 학자들이 "너무 확대 해석한 것이다. 영토완정은 북한지역을 수호, 보전保全한다는 의미로 봐야 한다"는 주장을 꾸준하게 내놓고 있다. 필자는 이런 평가에 전혀 동의하지 않으며 사안이 중대한 만큼, 북한이 말하는 영토의 범위 및 용례用例, 국가안보 원칙 등 3가지 차원에서 제 소견을 다시 한 번 밝히고자 한다.

○ 북한의 영토 범위는 당규약과 연계해서 봐야

대한민국은 헌법 제3조에 "영토는 한반도와 그 부속도서로 한다"는 규정이 있다. 남북분단으로 인해 북한지역에 대한 실질적 관할권 행사를 유보하고 있지만, 개념적으로는 한반도 전체를 대한민국 영토로 규정하고 있는 것이다.

"대한민국의 영토는 한반도와 그 부속도서로 한다.//대한민국은 통일을 지향하며, 자유민주적 기본질서에 입각한 평화적 통일정책을 수립하고 이를 추진한다."

- 대한민국 헌법 제3조 및 제4조

그러나 북한은 '사회주의 헌법'에 "수도를 평양으로 한다"고만 하였을 뿐 별도의 영토 조항은 두지 않았다. 단지 헌법보다 상위 개념인 '노동당 규약'을 통해 범위를 추정해 볼 수 있는데, "공화국 북반부와 전국적 범위"를 구분하고 있는 점으로 볼 때 우리와 마찬가지로 한반도 전체를 영토로 규정하고 있다고 할 수 있다.

"조선로동당의 당면목적은 공화국 북반부에서 부강하고 문명한 사회주의사회를 건설하며 전국적 범위에서 사회의 자주적이며 민주주의적인 발전을 실현하는 데 있으며 최종목적은 인민의 리상이 완전히 실현된 공산주의사회를 건설하는 데 있다."

- 2021.1. 8차 당대회 개정 당규약

여기서 우리가 주의해야 할 점이 한 가지 있다. 북한이 7차 당대회 규약의 "민족해방민주주의혁명 수행" 표현을 8차 당대회에서 "사회의 자주적이며 민주주의적인 발전 실현"으로 변경한 것이 대남적화혁명노선을 포기한 걸로 연관지어서는 안 된다는 것이다.

세계로 미래로 통일로

북한의 정치 사전 등 공식 문건을 보면, 수정된 당규약은 "개념을 풀어 설명한 것"에 불과하다. 즉 '자주'는 민족해방, '민주'는 공산당의 자유로운 활동 허용을 의미하므로 일종의 '분식수정, 용어혼란전술'일 뿐이다.

이같은 점을 종합해 볼 때, 북한이 말하는 영토는 "북한내부를 넘어 한반도 전체를 대상으로 하고 있다"고 봐야 할 것이다. 북한영토를 휴전선 이북으로 한정하는 주장은 ▲1945년 김일성의 북조선민주기지론에 기초한 70여년 역사의 대남적화통일노선을 간과한 것으로서 ▲김정은의 의도를 너무 선의적으로 해석한 것이며 ▲북한영토 개념을 자의적으로 축소한 것이 아닐 수 없다.

○ 용례를 정밀 분석해 봐야

북한은 김일성시대에 '국토완정'을 주장하며 6.25남침을 자행했다. 이후에는 동 표현보다는 "전국적 범위에서의 민족해방민주주의 혁명 과업 수행(=사회의 자주적이며 민주주의적인 발전 실현), 최종목적은 온 사회를 '김일성-김정일주의화' 하여 인민대중의 자주성을 완전히 실현(=인민의 리상이 완전히 실현된 공산주의 사회 건설)"을 주로 사용하였다.

북한은 '령토완정' 표현을 중국의 대만통일 즉 'One China' 노선과 러시아의 우크라이나 침략 전쟁 등을 지지하기 위한 친서나 외무성 담화 등에 주로 사용해 오고 있다.

"우리는 대만문제에 대한 외부세력의 간섭행위를 규탄배격하며
국가주권과 령토완정을 견결히 수호하려는 중국 정부의 정당한
립장을 전적으로 지지한다. 중국의 장성강화와 통일위업 수행을
저해하려는 미국의 기도는 좌절을 면치 못할 것이다."

- 2022.8.3. 북한 외무성 대변인 성명

"국제사회는 조로사이의 사실무근한 『무기거래설』에 귀를 기울
이기보다는 우크라이나에 각종 살인무장 장비들을 대대적으로
들이밀어 이 나라에 류혈 참극과 파괴를 몰아오고 있는 미국의
범죄적 행위에 초점을 집중하여야 할 것이다. 이 기회에 한마디
부언한다면 로씨야인민은 그 누구의 군사적 지원이 없이도 자기
나라의 안전과 령토완정을 수호할 의지와 능력을 지닌 가장 강인
한 인민이다."

- 2022.12.23. 북한 외무성 대변인 기자 질의응답

만약 북한의 '령토완정' 표현에서 그 영토를 '북한 내부 지역'으로 한
정할 경우, 북한이 중국(=대만통일)과 러시아(=우크라이나 침공)에 대해
사용하는 용례와 완전히 배치背馳된다.

○ 안보는 0.001%의 가능성에도 대비해야

바른 진단이 바른 대안의 출발점이다. 과소평가는 과대평가만큼이나 금물이다. 국가안보는 작은 징후라도 포착하고 대비해 나가는 게 기본원칙이다. 당연히 북한이 그들의 영토를 '북한 내부'로 한정한다면 우리로서는 더할 나위 없이 좋다.

그렇지만 그것은 우리들만의 소망이 아닐까? 최근 북한이 핵·미사일을 비롯한 온-오프라인 도발을 강화하는 가운데 핵선제 공격을 규정한 핵정책법에 '령토완정' 표현을 명시하였다는 점에서 '좀더 포괄적·경험적 해석에 기초해서 대비' 해나가는 게 옳지 않을까?

다시 한 번 강조한다. 북한이 핵정책 법령 서문과 제1조에 포함시킨 '령토완정' 4글자는 노동당 규약 서문의 "전한반도 공산화 통일" 목표를 보다 적나라plainly하게 표현한 문구라고 할수 있다. 치밀하게, 최악의 상황까지도 가정하고 대비하자.

지금 이 글을 쓰고 있는 순간에도 TV에서는 북한이 강대강 대미 비난성명서를 발표했고, 탄도미사일 고도화를 위한 신형 엔진실험을 했으며, 금명간 최첨단 무기를 총동원한 대대적인 열병식, 대륙간탄도미사일 시험발사 등이 진행될 예정이라는 보도가 나오고 있다. 이것이 의미하는 바는 무엇일까?

김일성은 '국토완정'을 내걸고 6.25남침전쟁을 일으켰다. 김일성을 벤치마킹benchmarking하는 김정은은 '령토완정'을 외치고 있다. 단재 신채호 선생님이 왜 "역사를 잊은 민족에게 미래는 없다"고 일갈했는지를 곰곰이 생각해 볼 때이다.

※ 이 글은 2023.2.3자 '데일리NK 곽길섭 북한정론'에 게재된 내용을 인용하였다.

김정은의 핵시계 *nuclear clock*

　　윤석열 정부는 북한의 핵선제공격 정책 법제화와 이은 전략전
술적 도발에 맞서 전임 정부와는 달리 '강력 경고와 맞대응, 예정
된 한미합동 및 독자 군사훈련 실시, 미·일을 비롯한 국제사회와의
연대 강화' 등을 통해 한반도 핵위기를 나름 잘 관리해 나가고 있
다. 첫 단추는 잘 꿰었다고 할수 있다.

　　그렇지만 눈앞에 보이는 것에만 집착하면 멀리 보는게 소홀해
질수 있다. 예로부터, 바른 정책을 수립하기 위해서는 "가지branch
도 보고 숲forest도 보아야" 하는 법이다. 이런 측면에서 필자는 김
정은의 핵시계 초침秒針이 ▲바로 눈앞에서 보고 들으면 굉장히 빨
리 움직이는듯 하지만 ▲조금 떨어져서 보면 차근차근 돌아가고

있다는 점을 알수 있으며 ▲우리의 의지로 멈추게 할 수도 있다는 점을 강조하고자 이 글을 쓴다.

김정은은 짧게는 '2024년', 길게는 '영토완정'을 노리고 있다

북한은 최근 다양한 전략미사일 도발을 통해 김정은의 '핵강국 건설' 치적을 선전하면서 향후 "백년, 천년 후사"를 얘기하고 있다.

> "총비서동지께서는 우리는 새 시대 당건설방향에 립각하여 당의 강화발전을 실속있게 추진함으로써 백년, 천년을 담보하는 당의 면모와 기풍을 확립하고 사회주의, 공산주의건설에로 확신성있게 나아가야 한다. … 우리 당이 50년, 100년, 몇백 년의 후사도 마음놓고 맡길 수 있는 유능한 당일군, 능숙한 정치활동가들을 키워내리라는 기대와 확신을 표명하시면서 …
>
> - 2022.10.17. 김정은의 당중앙간부학교 방문 연설

왜냐하면 ▲핵정책 법제화와 집중도발로 소기의 목표를 거둔 상황하에서 ▲군이 한·미의 정찰자산이 총가동되고, 세계의 이목이 집중되어 있는 지금과 같은 상황에서 핵실험이라는 초강수를 두는 것이 군이 필요하지 않기 때문일 것이다. 중국·러시아와의 공조

완료 여부도 여전히 불투명하다.

북한은 7차 핵실험 실시 여부와 관계없이 그들이 설정한 길을 계속 갈 것이다. 이는 한국과 미국도 마찬가지이다. 명분과 원칙이 없는 양보는 굴종이라는 생각이 확고하기 때문이다. 따라서, 김정은은 가치와 동맹을 중시하는 윤석열·바이든 정부에게는 눈길을 주지 않을 개연성이 크다.

김정은은 당분간 ①안보 자주권·우주의 평화적 이용권(이중기준 철폐) 등을 주장하면서 핵·미사일 전력을 고도화해 나가는 데 주력할 것이다. ②그런 가운데, 북중러 신新 북방삼각연대를 뒷배로 한 그럭저럭 버티기muddling through와 사회개조를 통해 북한사회 전반의 체질을 바꾸어 나갈 것이다. ③또 한편으로는 한국사회 내 극단적인 분열상을 더욱 증폭시켜 반反 윤석열 정부 분위기, 남남갈등을 고양시켜 나갈 것이다. 이 과정에서 750만 해외동포도 중요한 타깃이 될 것이다. 이같은 전술은 이른바 1964년 김일성이 제창한 '3대 혁명역량(북한, 남한, 국제) 강화 노선'의 2.0 버전이라고 할 수 있다.

이런 과정을 통해 북한은 핵보유국을 기정사실화 한후, 미국의 대선이 시작되는 2024년을 새로운 터닝 포인트turning point로 하여 비핵화가 아닌 군축회담을 도모하고자 할 것이다. 미국의 대선이 시작되면 김정은과 27차례나 친서(이른바 "love letter")를 주고 받은 트럼프 또는 트럼프주의자가 재등장할 가능성이 크고, 트럼프는 반反바이든·미국 우선주의America first 정책을 캐치프레이즈로 내걸 것이기 때문이다. 김정은은 이 타이밍을 놓치지 않으려 할 것이다. 물론 사전 분위기 조성 차원에서 한미일 3국 중 가장 약한 고리인 일본을 공략할 가능성도 상당하다.

한편 김정은은 '전全 한반도 적화통일'이라는 대전략을 가지고 있기 때문에 ▲핵보유국이라는 목표뿐만 아니라 ▲중장기적으로는 '2036년 사회주의 강국 원년'(2021.4. 김정은 제시) 달성을 위해 나갈 것이며 ▲궁극적으로는 연방제 또는 무력에 의한 '영토완정'嶺土完整을 추구해 나갈 것이다.

김정은과 같은 복선·수數로 대응해야 한다

국내외의 많은 전문가들은 "남북한 체제경쟁이 끝났다"고 말한다. 그러나, 필자는 생각을 조금 달리한다. 얼마 전 김정은이 사용한 어법語法을 인용하여 말하면, '천만에'Never이다. "첫 번째 경쟁은 자유 대한민국이 승리했지만, 이제부터는 아니다. 제2의 체제경쟁이 시작되었다. 자칫 잘못하면 미구에 핵을 가진 북한에 우리가 역전당할지도 모른다"가 필자의 지론이다. 체제경쟁은 단순히 경제력의 문제가 아니라 정신력, 군사력, 우방과의 관계가 중요하기 때문이다.

제발 이같은 일이 일어나서는 안되지만, 벌써부터 그 조짐이 보인다. 북한의 핵공갈 짓이 시작되었고, 김정은식 사회개조도 나름 수확을 거두고 있다. 그리고 김정은의 결단 여하에 따라 수없는 기회의 창이 열린다. 반대로 한국 사회는 지금 어떤가? 대책 없는 평화타령만 하면서 적을 이롭게 하는 선동과 주장, 극단적인 반목과 대립이 난무하고 있다. 하루하루 걱정만 쌓여간다.

바른 진단이 바른 처방의 첫 걸음이다. 장기적 관점과 실질적 대책이 중요하다. 그렇지만, 안보 각 부문의 주체들이 스스로 즉각 조치할 수 있는 것들은 한 순간의 머뭇거림도 있어서는 안된다. 그리고 자유 대한민국의 안보와 국익을 위해서는 전술핵 재배치·자체 핵개발과 같은 마지노선 대안도 섣불리 제외해선 안 된다. 0부터 100까지 스펙트럼에 모든 것all options을 올려 놓아야 한다.

이쯤에서 우리는 가슴에 손을 얹고 뒤돌아 봐야 한다. 최근 북한의 도발이 극도로 치닫고 있을 때 정부 내 관련 부처들이 심야 비상소집을 하고 있는지 궁금하다. 필자였다면 최소한 2~3번 정도의 비상소집 발령을 하달했을 것이다. 위기대처는 1분 1초가 시급하다. 그래서 국가안보를 다루는 관련자들은 사건이 발생하면 심야, 새벽을 불문하고 최대한 빨리 근무지에 정위치해야 한다. 이렇게 공무원들이 솔선수범을 보일 때 국민들은 정부를 신뢰하게 되며, 핵 민방위훈련과 같은 정책이 시행될 경우 기꺼이 불편을 감수해 줄 것이기 때문이다.

북한의 핵정책 법제화와 그 이후 국면에서 중국을 과거와 다른 방법으로 강하게 압박하고 있는지도 궁금하다. 혹시 천편일률적으로 대처하고 있지는 않는지?

| 정책 제언

필자는 그간 『김정은 대해부』 『김정은과 바이든의 핵시계』 『북핵과 분단을 넘어』 『윤석열 대 김정은』 책자를 출간하고, 『원코리아센터 정론』 『데일리NK 곽길섭북한정론』 등을 통해 자유 대한민국 정부의 대북정책 방향(3기등론: 대화, 자주국방, 북한체제 정상화), 북한 체제 정상화 방안(5화론: 비핵화, 자유화, 시장화, 친한화, 세계화) 등을 제시해 왔다. 따라서 오늘은 동 내용을 재론하지는 않고, 보다 실제적인 정책 아이디어를 몇 가지 첨언하고자 한다.

첫째, 국민참여형 북핵 대응 사령탑control tower을 신설·가동해야 한다. 북핵 대처는 더 이상 정부만의 문제가 아니다. 대통령실과 정부 내 안보 부처 간의 공조 수준을 넘어 초당적·전국민적 참여가 필요하다. 여론(조사)에 이끌려 정책을 추진하라는 의미가 아니다. 국가안보와 국민생명을 책임지고 있는 대통령이 강한 결단력과 추진력을 가지고 국민들의 가슴속으로 들어가라는 것이다.

지금과 같은 NSC국가안전보장회의 수준을 넘어 대통령이 주재하는 민관군 책임자 및 오피니언 리더가 참가하는 '대통령주재 북핵위기 대책위원회'(실무: 국가안보실산하 T/F)를 신설하고 최소한 월 1회 이상은 회의를 개최해야 한다. 동 회의체는 북한 핵·미사일 태세검토보고서를 작성하여 내외에 공개함으로써 정부 각 부처가 추진하는 정책의 바로미터를 넘어 국민과 국제사회 공감대 형성의 핵심축 역할을 수행한다.

둘째, 핵에는 핵으로 대응하는 것이 최선이다. 그런 측면에서 단기적으로는 미국과의 공조 강화가 급선무다. 이를 통해 미군 핵전력 한반도 주변 상시 배치와 같은 확장억제력 제고 약속을 받아내야 한다. 이를 위해서는 전술핵 재배치, 핵공유, 한국의 독자 핵개발 등과 같은 플랜 B도 테이블 위에 올려놓고 논의하는 것이 전략 전술적 행보이다.

이와 함께 북한이 핵협상에 참여하지 않고 도발 수위를 계속 높여 나갈 경우에는 대북 확성기 방송 재개, 사드 추가 배치, 중·러에 북핵 특사 파견, 유엔에서의 북한 퇴출운동 전개 등과 같은 압박책도 적극 검토, 시행한다.

셋째, 안보는 자주국방이 기본원칙이다. 미국의 핵우산에만 의지해서는 안 된다. 3축체계(킬체인, 한국형 미사일방어체계, 대량응징보복) 조기 구축을 위해 조직과 예산의 우선순위를 혁신적으로 조정해야 한다. 특히 김정은이 가장 두려워하는 대량응징보복KMPR 능력 제고에 중점을 두어야 한다. 대량응징보복은 예산과 효율성면에서 최고이다. 예를 들어 김정은 참수작전용으로 활용할 수 있는 '현무 미사일'과 '드론' 전력 대폭 강화가 하나의 방안이 될 수 있다.

넷째, 북한의 호응 여부를 떠나 윤석열 정부가 제의한 '담대한 구상'을 실현하기 위한 공개·비공개 노력도 지속해 나가야 한다. 남북한 간 합의와 국제법 준수, 인도적 교류 협력 호응 촉구 등은

세계로 미래로 통일로

명분과 실리 양면에서 모두 중요하다. 왜냐하면 한반도 문제의 당사자는 미국이나 중국이 아니라 자유 대한민국이기 때문이다.

한편 정부와 언론은 김정은의 핵 공갈에 불안해하는 국민들에게 자신감을 심어 주어야 한다. "김정은은 스스로 안보딜레마 늪에 빠져들고 있다. 대한민국은 국제사회와 연대를 통해 북핵 문제를 충분히 해결해 나갈 수 있다"는 메시지를 설파하여 국민들 사이에서 불안감이 생기지 않게 하는 것도 중요하다. 그리고 빠른 성과 도출보다는 다음 정부에 바통을 잘 넘겨 준다는 심정으로 북한을 차분히 다뤄 나가야 한다. 그러면, 시간은 분명히 북한 편이 아니라 우리 편이 될 것이다.

김정은 대남전술을 읽는 2가지 코드
: 핵과 심리전

'51:49', 최근 대한민국의 정치와 이념 지형을 애기할 때 자주 인용되는 숫자symbolic number이다. 이렇다 보니, 정치권은 1~2% 국민의 마음을 움직이기 위해 갖은 수단을 다 동원한다. 선거철은 물론이고 연중무휴로 상대방을 악마화하고 부정하는("자기편만 옳다") 행태가 기승을 부리고 있어 큰 문제가 되고 있다.

통일전선전술

북한은 이런 빈틈隙을 노린다. 아니, 북한뿐만 아니라 공산주의자들의 전통적인 전략전술이다. 주적 제거를 위해 서로 연대하는

'통일전선전술'이다. 힘이 약할 때는 연대하여 대화하면서 허를 찔러 공격하고, 투쟁할 때도 다른 한편에선 대화를 제의해 상대를 교란시키는 '담담타타-타타담담談談打打 打打談談 전술'은 공산주의 국가의 트레이드 마크trade-mark 이다.

이 전술의 핵심 축軸은 무력과 선전전, 즉 배합전술이다. 도발로 존재와 영역을 각인시키면서, 상대편에게는 공포감과 타협 심리를 조성함으로써 진영을 분열시킨다. 그런 연후 갈라진 한 세력과 악마의 제휴를 하고 주적 제거 투쟁을 전개한다. 목표를 달성하고 나면 언제 그랬냐는듯 제휴 세력을 '잠재적 배반자(한 번 등을 돌린 자는 또다시 배반한다)'로 규정하고 서서히 제거해 나간다. 그리하여 최종적으로는 본래의 정수분자들로만 체제를 운영해 나가는 게 골자이다.

실제로 북한은 1945년 해방 이후 '전 한반도 공산화 통일' 목표 하에 다양한 세력과의 연대, 무력도발(6.25전쟁, 국지전, 비정규전), 지하당 구축, 대화와 협상, 교류 협력 등을 병행해 오고 있다. 그 과정에서 다양한 숙청과 합의 파기가 있었다. 그렇지만 우리 국내에서는 감상적 민족주의(이른바 "자주", "우리민족끼리")가 극성을 부리고 있으며, 급기야 북한을 추종하는 '주사파'까지도 출현하였다. 지금도 이같은 기류는 계속되고 있으며, '묻지마(가짜/생업) 평화주의자'들의 목소리도 보다 커지고 있다.

북한의
핵정책과 심리전

북한은 2022년 9월 '선제 핵공격 정책' 법제화를 통해 ①핵보유국 기정사실화 ②언젠가 있을 미국과의 군축협상 교두보 확보 ③전 한반도 공산화통일, 이른바 영토완정 기반 구축에 주력하고 있다.

그렇지만, 우리가 북한의 목표와 함께 주목해야 할 또 하나의 중요한 점은 '심리전'이라는 수단이다. 다시 말해, 최근 북한의 선전공세는 ▲그들 논리의 정당성 확보 ▲'전쟁 대 평화'의 그릇된 프레임 확산 ▲친북세력을 향한 반정부투쟁 추동 메시지 공개 하달과 같은 측면이 있다.

향후 핵·미사일 추가 도발은 물론 휴전선·NLL 인근 국지적 도발, 국내 주요 전산망 해킹이나 기간망 익명 테러, 사이버 댓글 공작, 북한산 마약 확산 등은 국민 불안감 조성과 반정부 분위기 확산 심리전 전개를 추동해 나가기 위한 최적의 소재들이 될 것이다.

세계로 미래로 통일로

4가지
대응 포인트

따라서 윤석열 정부의 치밀한 대응이 그 어느 때보다도 필요한 때이다. 이를 위해서는 한반도 핵위기의 ABC와 북한의 의도에 대한 정확한 정보를 국민과 국제사회에 알기쉽게 알려 나가는 게 중요하다. 이번 글은 이같은 화두話頭를 제시하는데 의의가 있다.

정부는 국내외의 다양한 계기와 수단을 통해 "①북한의 핵·미사일 개발은 불법이다. 어떤 경우에도 절대 인정해서는 안 된다. ②북한의 자주권·평등권 주장(이중기준 철폐) 논리는 허구이다. ③북한의 핵 공갈에 겁먹을 필요가 없다. 충분히 제어해 나갈 수 있다. ④그렇지만, 남북 간 체제경쟁이 끝났다는 자만심은 금물이다. 제2의 스타트라인에 섰다는 심정으로 위기를 관리해 나가야 한다"라는 점을 공유해 나가야 한다.

가장 먼저, 불법성 문제이다. 북한의 핵·미사일 개발은 국제사회가 핵을 통제하기 위해 합의한 규범인 핵확산금지조약NPT 위반이며, 모든 종류의 탄도미사일 발사를 금지한 유엔 안보리 결의안을 정면으로 부정하는 행동이라는 점을 지속적·전방위적으로 경고해 나가야 한다.

흉악범이 들고 있는 칼은 주부·요리사가 들고 있는 칼과 완전히 다른 것이다. 흉기일 뿐이다. 만약 국제사회가 북한의 이같은 불법적 행동을 용인한다면, 핵 도미노 현상은 동북아는 물론 전 세계로 확산될 것이며, 인류는 핵 재앙의 공포 속에서 살아야 할 것이다.

둘째, 북한 주장의 허구성이다. 북한은 "대한민국도 미사일을 쏘고, 누리호도 발사하고 있지 않느냐"고 반문하며 이중기준 철폐를 주장한다. 언뜻 보면 그럴듯해 보이지만 사실을 완전히 호도하는 것이다. 한국의 미사일은 ▲국제법 틀 속에서 이뤄지고 있으며 ▲ 무엇보다도 방어용, 민수용이다.

이에 반해 북한은 국제법을 위반하며 공격용 군사 무기를 개발하는 데 혈안이 되어 있다. 그래서 북한은 은밀성(사찰·검증 거부)과 기동성(연비가 낮은 고체연료 중심 개발)을 최우선 과제로 한다. '우주의 평화적 이용' 주장도 '눈 가리고 아웅'하는 격이다. 북한의 위성 발사는 실제로는 무기 개발 시험이다. 즉 위성 궤도 진입과 연구활동 수행과는 전혀 무관하며, 추진체ICBM 성능 시험과 탄두의 대기권 재진입 능력 제고가 제1목표일 뿐이다.

셋째, 국민들의 자신감 제고가 중요하다. 김정은의 핵은 분명히 가공할 무기이다. 그렇지만 자원배분 왜곡·주민 희생의 결과물이다. 북한이 지금과 같은 노선을 계속 고집한다면 체제 운영에 문제가 생길 가능성, 이른바 '안보딜레마'의 늪에 빠질 것이다.

따라서 우리 사회가 '51:49' 지형으로 분열되지 않고, 자주국방·한미공조(=3축체계 구축과 미국의 확장억제력 강화) 기반 위에서 세계를 리드해 나가는 자유 대한민국을 건설해 나간다면 북한핵은 무용지물이 될 것이다. 국민과 세계를 하나로 결집해 나가는 게 무엇보다 중요하다.

넷째, 실사구시 관점이다. 김정은이 핵을 보유함에 따라 남북한 간에는 제2의 체제경쟁 레이스가 시작되었다. 한 나라의 국력은 단순히 경제력에만 좌우되지 않는다. 지도자의 리더십, 정신력, 군사력, 우방과의 관계 등이 종합적으로 영향을 미친다.

지난 시기 제1차 국력경쟁에서는 대한민국이 승리했지만, 우리가 계속 우위를 유지할 것이라는 생각은 과신過信이다. 앞으로 두 번째 경쟁에서 승리하기 위해서는 위에서 언급한 5가지 요소는 물론이고 실질적인 평화체제·통일한국 건설 운동을 대한민국이 주도해 나가야 한다. 좀 더 구체적으로 말하면, 보수가 진보의 손을 잡고 이끌어야 한다. 민족을 넘어 세계 각국의 이해가 얽히고 설킨 복합과제를 독재자의 입만 쳐다보는 진보의 전유물로 남겨 두어서는 안 된다.

이를 위해서는 '무조건적 북한 껴안기' 방식은 더 이상 안 된다. 북한의 실체를 정확히 알고, 요구할 건 요구하고, 지원할 건 지원하면서, 진실을 북한 내부로 전파하는 것이 평화와 통일 운동의 시작이요, 끝이라는 게 필자의 지론이다.

인권이 곧 평화이고 통일이다. 지금 이 순간에도 고통받고 있는 북한주민들을 생각하고 행동해야 한다. 과거 대결주의적 자세로 회귀하는 게 절대 아니다. 실천적이고 지속가능하며 당당한 평화·통일운동을 위해서이다.

세계로 미래로 통일로

북한의 '깡통주'(깡대강, 통일전선, 주미종남) 전략전술

2023년 남북관계는 깡대강^{剛對强}, 통일전선^{統一戰線}, 주미종남^{主美從南} 전략전술이 핵심 키워드가 될 것이다.

【깡대강^{剛對强}】: 핵·미사일 전력 고도화

첫 번째 키워드는 전략적 측면에서의 '깡대강'이다. '깡'은 "악착같이 버티어 나가는 오기, 강단"을 속되게 이르는 우리말이다. 그런 측면에서 북한이 자주 사용하는 "강대강" 표현에서 북한 입장은 '강'을 넘어 '깡'이라고 할 수 있다.

김정은의 핵정책은 이제 9부 능선을 넘어 최종목표인 정상을 공략하고 있다. 멈출 수가 없다. 보다 더 공격적·적반하장식 행태를 취할 것이다. 7차 핵실험은 김정은의 결심만 남은 사안이다. 미국을 사정권으로 하는 ICBM 정상각도 발사도 김여정이 공개적으로 천명했다. 한·미의 강화된 합동군사훈련, 국방력 강화, 대북 제재 활동 등도 다양한 도발의 구실이 될 것이다.

> "경애하는 김정은동지께서는 다음과 같이 말씀하시였다. '군사기술적 우세는 더는 제국주의자들의 독점물이 아니며 적들이 원자

탄으로 우리를 위협공갈하던 시대는 영원히 지나갔습니다.' … 우리의 강대강, 정면승부 원칙과 국가핵무력정책은 결코 빈말이 아니다. 우리 국가는 국가 핵무력 정책을 법제화하면서 우리의 핵이 결코 절대로 전쟁방지라는 하나의 사명에만 속박되어 있을 수 없으며 불가피한 상황이 조성되면 부득불 강력한 핵 선제공격을 가할 수 있다는 데 대하여 온 세계에 선포하고 실제적인 군사행동으로 실증하였다."

- 2022.12.20. 로동신문

특히 김정은이 7월 27일 휴전협정일(북한은 "전승기념일"로 지정) 의의를 강조하였으므로, 향후 군사·외교는 물론 전 사회적으로 반미대결 의식을 더욱 확산시켜 나갈 것이다. "미제국주의자와의 대결전을 진두지휘하는 강철의 영장 김정은을 목숨으로 옹위하며 일떠 나서자!"와 같은 구호가 북한 전역을 휩쓸 것이다. 한마디로 북한의 '깡'(옥쇄작전식 도발)과 한국의 '강'(정공법 대응)이 맞부딪칠 것은 불문가지이다.

최근 김정은이 자신의 딸을 전략미사일 발사 현장 등 군관련 행사에 빈번히 대동하고 '소년단 대회', '열병식' 등을 통해 체제결속과 국방력을 과시하는 것은 이같은 해석의 연장선상에서 볼 수 있다. 북한이 국제사회에 전달하려는 메시지는 "핵무기는 절대 포기할 수 없다"는 것이며, 내부적인 노림수는 김정은의 애민정신·치적을 부각 선전함으로써 "자신은 물론 김씨일가의 4대, 5대 영구집권 기반을 구축"하려는 것이다.

세계로 미래로 통일로

【통일전선統一戰線】: 핵공갈/국론분열 획책

두 번째 키워드는 전술적 측면에서의 '통일전선'이다. 김여정은 지난 해 공개적으로 "윤석열 정부 타도 투쟁에 나서라"고 선동한 바 있다. 김정은도 퇴임하는 문재인 정부가 친서(4.20.)를 보낸 사실을 공개하면서 앞으로 모종의 역할이 있을 것임을 암시한 바 있다.

> "국민들은 윤석열 저 천치바보들이 들어앉아 자꾸만 위태로운 상황을 만들어가는 정권을 왜 그대로 보고만 있는지 모를 일이다 … 그래도 문재인이 앉아 해먹을 때에는 적어도 서울이 우리의 과녁은 아니었다."
>
>   - 2022.11.24. 김여정 담화

> "북남 정상들이 서로가 희망을 안고 진함 없는 노력을 기울여 나간다면 남북관계가 민족의 염원과 기대에 맞게 개선되고 발전하게 될 것이다."
>
>   - 2022.4.21. 김정은 친서

북한은 선제핵공격 정책을 법제화하면서 전문과 제1조에 '령토완정 嶺土完整' 문구를 명문화하였다. 영토완정은 '전 한반도 공산화 통일'을 의미하는 표현으로서 이를 달성하기 위해서는 군사·비군사 투쟁을 병행하는 게 공산주의 투쟁전술이다. 2월에 채택한 '해외동포권익옹

호법'의 의미도 이같은 선상에서 해석(사실상 '해외동포활용공작법')해야
한다.

따라서 ▲핵·미사일 도발로 우리 사회 내 위기감을 더욱 고조시키고
▲국내외 종북주의자 또는 감상적 평화주의자들을 직간접적으로 고
무추동하여 "전쟁이냐 평화냐"의 그릇된 이분법을 확산케 함으로써
▲국민들의 반정부·반미·반일 투쟁을 적극 선동(남남갈등−한미일 이간
조장)해 나갈 것은 불을 보듯 뻔하다.

【주미종남主美從南】: 윤석열 정부 패싱/미국과의 직거래

세 번째 기워드는 통일전선전술의 연장선상으로서 '주미종남'이다.
김정은은 올해처럼 윤석열 대통령을 철저히 무시하며 미국과 직거
래를 하려 할 것이다.

> 이미 말했지만 그 형편없는 '담대한 계획'인지 뭔지 하는 것을 붙들고
> 앉아 황당한 망상만 하고 있을 대신 서로의 감정을 자극하여 격하게 번
> 져 가는 작금의 사태를 안정시킬 생각에 전념하는 것이 더 리로울 것이
> 다. 진짜 들개들은 분명코 아닐진대 아무리 짖어도 뭐가 해결되는 것도
> 아님을 모르고 왜 계속 개 짖는 소리만 내며 우리의 분노만 키우는지,
> 그것이 그 동네에 무슨 득이 되는 것인지 참으로 알 수 없는 일이다."
>
> − 2022.12.20. 김여정 담화

세계로 미래로 통일로

특히 미국 바이든 행정부와는 작은 협상보다는 '통큰 양보'(대북제재 해제 및 군축협상)를 압박하면서 몸값을 높이는 데 주력할 것으로 예상된다. 1년만 지나면 미국의 대선 캠페인이 시작되고, 이미 케미 chemistry가 쌓인 트럼프 또는 트럼프주의자와 다시 흥정할 수 있기 때문이다.

* 2022.12.23. 데일리NK 곽길섭 북한정론 내용에서 핵심을 발췌하였다.

김정은의 통일전선 프레임
: '평화냐 전쟁이냐'

개인이나 조직, 국가는 지향할 목표를 명확히 하고 선제적으로 대처해 나가기 위해 수시로 특정사안에 대한 평가를 기초로 '전망'을 한다. 그렇지만 수백, 수천의 변수가 복합적으로 작용하는 현실 세계에서 미래를 정확히 예측한다는 것은 말처럼 쉽지 않은 일이다.

더구나 세계역사상 가장 폐쇄적일뿐 아니라 수령 1인이 모든 것을 좌지우지하는 북한체제 특성을 감안해 볼 때, 북한 내부 사정과 남북 관계의 미래를 평가·전망하는 일은 난제 중 난제難題가 아닐 수 없다. 혹자는 이같은 어려움을 설명하기 위해 "신의 영역"이라는 표현까지 사용하기도 한다.

안보는 0.001% 발생
가능성에도 대비해야

그렇지만, 전문가는 대한민국의 국가안보와 미래를 위해 이같이 고독한 길을 외면해서는 안 된다. ▲현재 드러나 있는게 많지 않고, 관점이나 정확성에 대한 비난을 감수해야 한다는 이유로 ▲마냥 손을 놓고 있으면 ▲소 잃고 외양간 고치는, 아니 더 심한 경우에는 나라의 존망으로 연결될 수 있기 때문이다.

안보문제는 '합리적 의심'이 기본이다. "왜 부정적으로만 보느냐?", "수구·대결주의 자세가 아니냐?"는 비난도 감내해야만 하는 영역이다. 한편 숙명을 넘어 역설적irony이기도 하다. 조기경보는 피아彼我 모두로 하여금 한번쯤 더 생각하게 하고, 더 나아가 정책이나 노선 변경까지 유도할 수 있기 때문이다.

필자는 평소 북한을 제대로 분석평가하기 위해 김정은의 입장이 되어 생각해 보는 게 일상화 되어 있다. 그렇지 않으면, '콤플렉스와 야망을 지닌 승부사' 김정은에게 무방비로 당할 수 있기 때문이다. 이런 노력의 가시적 성과가 2020년 4월 ①김정은 신변이상설이 전 세계를 휩쓸 때 '김정은의 기획잠적-깜짝등장 전망'을 고독하게 주장한 것이었고, 그해 6월 ②'북한의 개성남북공동연락소

폭파 만행 예상'과 ③'북한의 금명간 핵 실전배치 선언 및 김여정 후계자설 신빙성 희박 판단'이었다. (상세내용은 〈월간조선〉 2020년 6월 호, 조갑제의 시각 '김정은 중태설'을 일관되게 부정한 前국정원 북한분석관 곽길섭의 또 다른 예측 "김정은의 11세 아들이 후계자가 될 것" 참조)

과거 사례를 굳이 소개한 것은 또 하나의 중요한 전망, '김반윤 對 윤석열'이라는 향후 김정은의 핵심 프레임을 설명하기 위해서이다. 여기서 "김반윤"은 핵과 평화를 외치는 기만적인 독재자 '김정은'과 북한의 도발과 위협에 당당하게 대응하고 있는 윤석열 대통령을 무조건 폄훼·비방하는 이른바 감성적·이상적 평화주의자들인 '반윤 세력'을 묶은 이름이다.

'김반윤 對 윤석열' 프레임

2023년 한반도 기상도는 맑지 않다. 남북한이 연말연시에 주고받은 말과 행동들을 고려해 볼 때, '김정은의 핵전력 고도화와 윤석열 대통령의 정공법 대응이 정면으로 맞부딪치는 해'가 될 가능성이 크다. 특히 제20대 대통령 선거 이후 갈등과 분열이 심화되고 있는 우리 사회는 또 다른 대형 정치 이벤트 '2024년 4월 총선'으로

가는 길목에 있다.

따라서 올해는 남북 관계 악화는 물론 김정은 발 신북풍新北風으로 우리 사회 내 국론분열이 더욱 고조되는 '최악의 해'가 될 개연성이 다분하다. 핵개발의 9부 능선을 넘은 김정은은 ▲핵전력 고도화에 만족하지 않고 ▲핵 공갈을 통한 남남갈등 증폭에 대남정책의 큰 주안점을 둘 것이 확실해 보인다. 즉 일종의 양수겸장兩手兼掌 전술을 통해 '한반도 판'을 근본적으로 흔들려 할 것이다.

이미 필자가 지난해부터 예측한 북한의 '깡통주(깡대강, 통일전선, 주미종남)'과 '2024 어게인 트럼프와 함께 춤을'의 범주 속에 들어 있지만, 김정은은 얼마 전 무인기 도발 과정에서 나타난 우리 사회 내 갈등상을 보며 '국론분열 조장 통일전선전술'의 효용성에 대한 믿음이 한층 더 굳건해졌을 것이다.

필자는 지난해 봄『윤석열 대 김정은』이라는 제목으로 책을 출간한 적이 있다. 그런데 앞으로는 핵 보유 목표를 사실상 달성한 김정은이 우리 사회 반윤석열 세력과의 연대 강화를 통해 '김반윤 對 윤석열' 구도를 만든후 한반도 지형을 보다 큰 차원에서 흔들려 할 가능성이 커지고 있다고 판단한다. 이런 조짐은 이미 김정은이 퇴임하는 문재인 대통령에게 건넨 "밑자락 깔기 덕담"과 김여정의 지난 11월 "국내 반정부 투쟁 총궐기 선동" 발언 등을 통해서도 뒷받침된다.

"임기 마지막까지 민족의 대의를 위해 마음써온 문 대통령 고뇌와 노고에 대해 높이 평가하시었다. 북남수뇌분들께서는 서로가 희망을 안고 진함없는 노력을 기울여 나간다면 북남관계가 민족의 념원과 기대에 맞게 개선되고 발전하게 될 것이라는데 대해 견해를 같이하시면서 호상 북과 남의 동포들에게 따뜻한 인사를 전하시었다."

- 2022.4.22. 조선중앙통신의

'김정은-문재인 친서교환 사실' 보도

"(남측)국민들은 윤석열 저 천치바보들이 들어앉아 자꾸만 위태로운 상황을 만들어가는 '정권'을 왜 그대로 보고만 있는지 모를 일이다. 그래도 문재인이 앉아 해먹을 때에는 적어도 서울이 우리의 과녁은 아니였다."

- 2022.11.24. 김여정 담화

즉 '북중러 對 한미일' 신냉전체제가 형성된 한반도에서 가장 약한 고리 중 하나인 대한민국 내부를 총체적으로 흔들어 당면한 핵 문제는 물론 전 한반도 공산화 기반을 구축하는 원년元年으로 삼으려 할 가능성이 크다는 것이다.

재삼 이야기 하지만, 필자는 이런 일이 발생하지 않기를 간절히 바란다. 특히 정파적으로 특정 진영을 매도하려는 의도는 전혀 없다. 공산주의 전략전술과 김일성-김정일-김정은 3대 왕조의 대남 전략전술에 대한 국민 경각심을 조금이라도 환기시키려는 취지로 이해해 주기 바란다.

평화냐 전쟁이냐

1월 1일 북한은 신년사를 대체하는 당전원회의(12.26.~31.) 결과를 보도하였다. 김정은은 '대적對敵 노선' 강화를 천명하면서 2023년이 "일당백 구호 제시 50주년(2.6.), 조국해방전쟁승리 70주년(7.27.), 정권창건 75주년(9.9.)"이라는 점을 강조하였다. "전술핵 다량생산과 핵탄두 기하급수적 확대"도 공개적으로 지시하였다. '반제·반미·반한' 분위기가 북한 전역을 연중 휩쓸 것이 눈에 선하다.

여기에다 지난해부터 이목이 집중된 7차 핵실험은 김정은의 결심만 남아있는 상태이고 정찰위성 발사도 준비되고 있다. 미국을 사정권으로 대륙간탄도미사일ICBM 정각발사와 잠수함발사탄도미사일SLBM 시험도 예상되고 있다. 연중 내내 강화된 한미합동군사훈련과 북한의 맞대응 도발이 부딪칠 것이다.

따라서 김정은은 미국과 갈등 관계에 있는 중국과 러시아를 뒷배로 핵과 자력갱생에 기초한 '정면돌파전' 기조하에 핵 능력 고도화를 위한 다양한 수준의 도발과 대남 전쟁공포감 확산 선전전을 배가해 나갈 것이다. 핵 능력 고도화는 "안보의 자주권·우주의 평화적 이용"을 명분으로, 전쟁공포감 조성은 "평화냐 전쟁이냐"의 논리가 키워드가 될 것이다.

│ 단기·중장기
│ 대책을 병행해야

북한의 향후 행보와 저의는 분명하다. 필자의 전망이 틀렸으면 좋겠지만 그럴 가능성은 그다지 크지 않아 보인다. 따라서 우리 정부도 치밀한 대응체제를 구축해야 한다. 핵심기조는 연대성, 입체성, 지속성 기조하에 단기·중장기 대책을 병행해야 한다. 특히 북한 도발과 심리전에 대한 수비(자주국방+한미 핵 억제력 강화)는 당연히 강화해 나가야 하지만, 공격력(대북 제재+북한 체제 정상화 활동)도 반드시 병행하여 배가하는 것이 중요하다.

윤석열 정부의 지속적인 노력으로 수비력 강화는 어느 정도 틀을 갖추었다. 이제 시간이 다소 필요할 뿐이다. 중요한 것은 전방위적인 공격력 강화다. 먼저 북한의 핵·미사일을 비롯한 온·오프라인 도발에 대해 국제사회와의 유기적 공조하에 북한의 핵·미사일 도발은 국제법 위반이라는 점을 명백히 하면서 대북-대중-대러 압박 수위를 높여 나가야 한다. 다음으로 북한과 친북세력의 그릇된 이분법 프레임인 "평화냐 전쟁이냐" 논리 허구성에 대해서도 국민들에게 보다 명쾌히 설명하면서 자신감을 심어주어야 한다.

설명논리 요지

평화는 국가가 진보-보수정부를 불문하고 추구하는 유일무이한 가치이다. 국방력 강화, 전쟁수행 의지 천명도 평화를 지키고 확대하기 위한 것이다. 우리가 역사적으로나 지난 정부 기간에 확인한 것처럼 전쟁할 의사가 없는 국가가 선택할 수 있는 수단은 굴종과 항복뿐이다. 비겁한 굴종과 항복이 평화는 아니다. "나쁜 평화가 좋은 전쟁보다 낫다"는 말은 허구이다. 평화는 전쟁보다 상위개념·목적이기 때문에 하위개념·수단인 전쟁과 동일선상에서 비교될 수 없다. 수단은 수단끼리 비교해야 한다. 전쟁과 비교되는 수단은 굴종과 항복이다. 친북세력의 논리대로라면 '사즉생 생즉사'의 정신으로 일본의 침략으로부터 나라를 구한 이순신 장군도 대결주의자-전쟁광일 뿐이다. 그들이 이상적인 평화주의자로 생각하는 사람이 일본에 나라를 바치고 평화(식민통치)를 구걸한 이완용이지는 않을텐데?

마지막으로 필자의 북한체제를 정상화·변화시키기 위한 공격적 전략전술의 핵심인 '5화'(비핵화, 자유화, 시장화, 친한화, 세계화) 전략전술의 중요성을 다시 한 번 강조하면서 글을 맺는다.

세계로 미래로 통일로

김정은 딸 김주애는 '까메오' cameo

여러분은 예쁜 딸을 데리고 어디에 가는가? 김정은이 어린 딸을 '화성-17형' 대륙간탄도미사일ICBM 발사 현장과 열병식 등 군 관련 행사에 연이어 대동한 이후, 젊은 독재자의 기이한 행보에 대한 평가와 전망이 다양하다. 혹자는 딸을 후계자로까지 평가한다.

필자는 북한의 ICBM 도발 이후 줄곧 이번 사태는 ①김정은의 기획연출극이다. ②본질은 북한 도발과 이에 대응한 국제사회의 대북제재 강화이다. 딸 문제가 아니다. ③논점과 관심이 딸로 집중되면 '김정은 술수'에 속아 넘어가는 것이라고 강조해 왔다. 그렇지만 내외 관심은 기대와 다르게 흘러왔다.

왜 이 시점에
딸을 공개했을까?

　북한은 통상 '극장국가'라고 한다. 그만큼 기획-연출-선전에 능한 체제이다. 김정은 딸 공개도 철저히 기획연출된 것이다. 김주애는 일종의 '까메오'(cameo: 영화나 TV드라마 등에서 관객의 관심을 끌기 위해 잠깐동안 출연하는 유명배우) 역할이었으며, 맡겨진 배역을 충분히 잘 수행했다.

　그런데 이번 김정은 딸 공개에서 주목되는 점은 '관심 끌기와 돌리기', 즉 전혀 이율배반적인 효과를 동시에 노렸다는 점에 있다. 좀 더 구체적으로 말하면, ①미국을 사정권으로 하는 15,000㎞급 ICBM 시험발사 성공, "핵포기는 절대 없다"는 사실을 한층 더 부각시키기 위한 '부스터booster' 역할이 제1노림수였다고 할 수 있다.

　그 다음으로는, ②도발이후 예상되는 국제사회의 대북제재 강화논의 분위기를 흐리는 일종의 '관심 전환, 물타기' 전술의 측면도 간과할 수 없다. 북한 도발 이후 구글의 북한 관련 검색어 1순위가 '김정은 딸'이었다는 점이 이런 추론을 뒷받침해 준다. 이밖에 ③백두혈통 정당성, ④자상한 아버지상, ⑤후대까지 생각하는 미래지향적 평화지도자 이미지 선전 등도 빼놓을 수 없는 이유이다.

　　　　　　　　　　　　　　　　　세계로 미래로 통일로

왜 ICBM 발사체 앞에서
딸을 공개했을까?

괴물 무기와 앳된 소녀, 전혀 어울리지 않는 컨셉concept이다. 그렇지만, 대비를 통한 부각 선전효과는 상상 이상으로 크다. 북한이 수시로 강조해 온 "핵무기는 절대 포기할수 없다. 후대에 물려줄 만능의 보검이다"라는 점을 내외에 각인시키기 위해서는 이보다 극적인 연출은 없을 것이다.

실제로 이틀 후 11월 20일자 노동신문은 "우리 후대들의 밝은 웃음과 고운 꿈을 위해 우리는 평화 수호의 위력한 보검인 핵병기들을 질량적으로 계속 강화할 것"이라고 보도했다.

아들이 아니라
딸을 공개한 이유는?

지난해 9월 북한 정권 창건일(9.9절) 축하공연에 나타난 앳된 소녀에 대한 관심이 국내외적으로 비등했던 점을 고려한 조치로 평가된다. 등이 간지러운 사람에게 '효자손'을 가져다주면 긁게 되는 게 세상 이치다.

한편, 김정은이 아들을 데리고 나왔을 경우를 상상해 보면 더욱 분명해진다. 이번 시험발사 현장에 딸이 아닌 아들이 나왔다면, 대부분의 언론은 위에서 언급한 김정은의 5가지 노림수를 기사화하지 않고, 곧바로 "김정은의 아들이 후계자 수업을 시작했다", "김정은 건강에 이상이 있다", "권력층 내부에 이상징후가 보인다. 향후 북한체제의 미래는?" 등과 같은 북한체제 이상설, 4대세습 전망 기사로 신문과 방송을 도배했을 것이다.

그럼 아들은 현재 어디에 있을까?

북한의 폐쇄사회 특성상, 특히 로얄패밀리 관련 사항이어서 정확한 첩보나 정보 취득이 어렵다. 그렇지만, 김정은의 어린시절 내적으로 형성된 '탈부脫父 심리'에 비추어 추정해 볼 때, 아들(딸 포함)은 보통 아이들처럼 인민학교에 다니면서 별도 소양교육을 받고 있을 것으로 추정된다.

과거 여자관계가 복잡했던 김정일은 김일성의 눈총을 피하기 위해 애첩 고용희과 그 소생들을 철저히 감춰 놓았다. 그래서 김정은은 평양에서 초중고를 다니지 못했다. 당연히 또래들과 어울리지 못했다. 원산이나 창성 같은 특각에서 사교육을 받고 경호원·요리사들과 놀았다. 게다가 12살 어린나이에 스위스로 보내졌다.

일종의 콤플렉스다. 따라서 아들과 딸은 자신과 다른 생활을 하게 할 가능성이 크지 않을까? 김정은이 집권 이후 부인과 딸 공개, 김정일이 지정한 후견인 숙청, 선군노선 폐기 등 아버지 김정일과 180도 다른 행보는 이같은 추론을 뒷받침한다.

고故 박정희 대통령이 자녀들을 경호원을 붙여 일반학교에 다니게 했던 것이 떠오른다. 김정은은 이같은 방식과 사교육을 배합, 아들과 딸을 교육시켜 나가지 않을까 생각해 본다. 이런 관점에서 김정은이 지난해 10월 '만경대혁명학원'을 연이어 두 번이나 방문한 것은 예사롭지 않다. 동 학교는 김정일·김평일도 수학했던 북한 최고 엘리트 자녀들이 다니는 학교이기 때문이다.

김주애 호칭이 '사랑하는→ 존귀하신 → 존경하는 자제분'으로 변경된 이유는?

호칭 변경이 아니다. 김주애가 등장한 장소·행사의 성격에 맞게 사용되었고, 앞으로도 '백두혈통 자제를 상징하는 용어'로 혼용될 것이다. 11월 18일 김주애가 ICBM 도발 현장에 나타났을 때 사용한 "사랑하는" 표현은 평화수호를 위한 보검(미사일)과 김정은의 자상한 아버지 이미지 선전에 맞는 표현이다.

이와 달리, 유공자 기념촬영과 격려 행사, 열병식은 김정은과 백두혈통의 존엄성·정통성 부각에 중점을 둔 자리이므로 "존귀하신", "존경하는"과 같은 극존칭이 더 어울린다. 이같은 점은 김주애의 복장, 헤어 스타일, 악수 자세 차이에서도 확인된다.

일부 전문가들이 이를 두고 후계구도와 연결짓고 있는데, ▲김정은 자녀들이 아직 10대초반이고, ▲김정은 나이도 30대 후반에 불과한 점, ▲남성우월의 가부장적 문화, ▲김정은 우상화도 아직 본격화 되지 않은 상황 ▲후계자론(준비단계론) 등을 고려해 볼 때 너무 성급한 판단이다.

김주애가 공식 석상에 모습을 자주 드러낼 것인지?

김주애는 이번에 '까메오' 역할을 잘 수행했고, 김정은도 효과를 톡톡히 봤다. 당분간 관망기를 거칠 가능성이 크다. 왜냐하면 김정은은 기본적으로 사회와 단절되어 외롭게 생활한 자신의 어린시절 경험에 비추어, 딸이 평범한 소녀기 생활을 하도록 배려할 것으로 예상되기 때문이다.

'까메오'는 자주 출연하면 '까메오'가 아니다. 가치가 떨어진다. 그렇지만 이번처럼 평화쇼를 펼칠 필요가 있거나 백두혈통 정통성 강화 차원에서 '젊은 세대 또는 우상화 관련 행사'에 모습을 보일 가능성은 배제할 수 없다.

4대 세습
가능성은?

북한에서 4대 세습은 가능성이 가장 큰 권력이양 형태라고 할 수 있다. ▲수령론, ▲유일영도체계 확립을 위한 10대 원칙, ▲후계자론, ▲3대 세습 전례 등을 고려해 볼 때, 북한에서 집단지도체제나 제3의 인물이 등장할 가능성은 그다지 크지 않다.

이같은 점은 김정은이 집권 직후 북한 체제 운영의 바이블bible인 '유일사상체계 확립을 위한 10대 원칙'(1974.4)을 '유일영도체계 확립을 위한 10대 원칙'(2013.6)으로 개정하고, 10조 2항에 "우리 당과 혁명의 명맥을 백두혈통으로 영원히 이어 나간다"는 조항을 신설한 것에서도 확연히 나타난다.

단, 변형된 4대세습 즉 "영구적으로 통치는 하되 책임은 지지 않는" 새로운 영구집권 제도, 이를테면 일본식 천황제 또는 태국식 국왕제 벤치마킹 등과 같은 대안도 검토해 나갈 가능성이 있다.

대한민국이
해야할 일

결론적으로 향후 김정은은 주민들에게 인기가 있는 리설주와 자녀들을 자신의혈통 콤플렉스complex 극복, 백두혈통 정통성 선전, 정치외교 빅이벤트big event 등에 활용해 나갈 것으로 예상된다.

그렇지만 이번 김주애 등장은 ▲'까메오' 역할로 제한해서 보아야 하며, ▲따라서 빈번히 등장하지 않을 것이며, ▲더구나 후계자로까지 연결짓는 것은 너무 앞서 나가는 판단이다. 북한에서 포스트 김Post Kim 문제가 논의되는 것은 최소한 김정은의 자녀들이 20대 성인이 되고, 김정은이 50대를 바라보는 2030년대는 되어야 할 것이다.

그럼 지금 우리 대한민국이 해야할 일은 무엇인가? 김정은 자녀 신상문제는 북한문제나 남북관계에서 본질이 아니다. 따라서 ▲비정한 아버지·독재자 김정은의 기획연출극에 더이상 휘둘리지 말고, ▲사태 본질(북핵대응 체제 구축과 국제공조 강화)에 집중하면서, ▲북한체제 정상화(5화: 비핵화, 자유화, 시장화, 친한화, 세계화)를 위한 길을 당당하게 가야 한다.

김정은 후계자

최근 김정은이 딸 김주애(2013년생)를 공식행사에 자주 대동하고 나오면서 후계문제가 다시 공론화되고 있다. 일부에서는 '시누이-올케' 간 미래권력을 둘러싼 갈등설도 얘기한다. 흥미롭다.

'포스트 김' 이슈는 김정은의 30대 나이, 국가적 건강관리 시스템 등을 고려해볼 때 그다지 시급한 주제는 아니다. 그렇지만 김정은 후계자 문제가 신변이상설과 함께 수시로 이슈화되고 있어 종합적으로 검토, 평가해 보는 것도 의의가 있다.

후계 개념

먼저 후계 개념부터 정의해 보면, 후계란 김정은이 ▲계승자를 지정하여 자연스럽게 권력을 물려주는 상황이다. ▲혹시 사정상 계승자를 내정하지 못하고 신변이상이 발생하는 상황에서도 차기 권력자가 김정은 정책노선 계승을 표방하는 상황이다.

따라서 김정은정권 타도를 목표로 한 쿠데타, 민중봉기의 경우에는 혁명 주도세력이 체제이념과 권력구조 방향을 완전히 새로운 관점에서 변경할 것이므로 이 글의 논의에는 포함시키지 않는다.

핵심 고려점

김정은 후계 문제를 생각할 때는 ▲북한 특수성에 주목해야 한다. 북한은 유일지도체제 특성상 '후계'라는 단어는 함부로 꺼낼 수 없는 일종의 금기어禁忌語이다. 오직 김정은 머릿속에만 있다. 다음으로, 고려해야할 요소는 ▲법률과 제도 ▲권력층과 사회저변 환경 ▲후보자 직위와 역할 ▲정치적 자질 등을 생각해 볼 수 있다.

첫째, 북한의 유일영도체계 확립 10대 원칙을 보면, 제10조 2항에 "우리 당과 혁명의 명맥을 백두의 혈통으로 영원히 이어 나가며"라고 명시하여 김씨 일가로의 세습을 명문화하고 있다. 동 조항은 김정은이 집권한 직후인 2013년 6월에 관련 조문을 새로이 삽입한 것이다. 따라서 후계자는 김일성 가계에서 나오는 것이 기본 원칙이다.

둘째, 후계자론에 따르면, 후계자는 수령의 피을 이어 받은 인물 가운데 새 세대, 즉 다음 세대에서 나와야 한다. 북한은 수령의 피를 단순히 혈연 차원이 아니라 수령의 혁명사상을 계승하는, 즉 사회정치적인 것으로 포장했으나 실제는 물리적 핏줄을 의미한다. 그리고 다음세대로 규정한 것은 지금 권력층 내에서 영향력을 행사하고 있는 인물들을 원천 배제하기 위한 속셈이다.

셋째, 노동당(수령)이 모든 것을 지도하는 당 우위 국가체계라는 점도 중요한 고려 요소이다. 따라서 수령이 지명한 당 인물이 후계자가 되는 것이다. 정부나 군의 인물은 직책이 아무리 높고, 조직이 방대해도 노동당의 하수인일 뿐이다. 특히 많은 사람들이 주목하는 군은 자유세계와 달리 수령과 당의 부속품일 뿐이다.

넷째, 권력층 내 정치문화와 사회 저변의 문화적 환경도 고려해야 할 중요한 포인트이다. 지금 북한 권력층 인물들은 수많은 숙청

속에서 살아남은 인물들이다. 그들은 마음이 맞는 사람들과 횡적 연계를 가지거나, 야심을 조금이라도 드러내는 건 곧 죽음이고, 개인의 죽음을 넘어 가문이 멸문지화滅門之禍 당한다는 것을 70여 년의 숙청사를 통해 교훈을 체득한 인물들이다. "당정군 간부들은 혹시 취중이나 잠꼬대를 하다가도 말실수를 할까봐 노심초사하고 있다"는 탈북민의 증언이 이를 생생하게 입증해 준다.

대외적으로 국가를 대표하는 최고인민회의 상임위원장 김영남이 김여정에게 상석을 양보하려 하고, 북한군을 대표하는 황병서 군총정치국장이 만인들이 보는 앞에서 김정은에게 무릎 꿇고 입을 가리고 얘기하는 게 전혀 이상하지 않은 사회이다. 이들은 도전보다는 면종과 공생, 체면보다는 실리를 추구하는 게 합리적 선택이라고 생각하는 사람들이다. 김정은이 3대, 4대로 세습하면 자기들도 똑같이 대물림할 수 있어 좋아하는 부류들이다.

북한사회의 모습을 좀 더 단순하게 표현하면, 김정은만 3대 세습을 한 게 아니다. 권력층 인물을 비롯 200만 평양 시민들도 세습을 하고 있는 나라이다. 이들은 김정은을 지지하며 갖은 혜택을 누리고 있다, 그리고 좋은 직장, 좋은 생활환경을 자식들에게 물려주고 있다. 일종의 악의적 운명공동체, 공생관계라고 할 수 있다.

게다가, 일반주민들은 김정은을 비롯한 로얄패밀리 문제에 대해 알려고 하지 않는다. 북한 주민들은 우리 사회와 달리, 지도자 신변 문제에 대해 알면 도리어 위험에 처해질 수 있기 때문에 굳이 관심을 두지 않는다. 과거 김정일의 두 번째 부인인 성혜림의 친구였다는 사실만으로 요덕수용소로 끌려가 짐승처럼 생활하다가 탈북하였던 무용수 김영순 씨의 증언이 이를 잘 설명해 주고 있다.

북한 주민들은 경제난도 지도자 잘못이라기 보다는 중간 간부 책임으로 인식하고 있다. 그래서 북한당국은 민심 수습이 필요할 경우 간부들을 세도주의, 관료주의, 부정부패 등의 죄목을 씌워 수시로 공개처형하는 것이다. 일반주민들의 관심은 오직 하루를 잘 살고, 자식들을 어떻게 잘 키워내는가에 온 신경이 집중되어 있을 뿐이다.

마지막으로 개인의 직위와 역할, 정치적 자질도 중요하다. 후계자가 되려면 당이나 군의 핵심 포스트에서 후계수업을 받거나 주요 직책에서 활동해야 한다. 특히 김정은은 후계수업 기간이 짧았지만 당과 군을 물론 체제보위 분야에서도 경험을 쌓았다.

세계로 미래로 통일로

김정은 아들이
유력 후보자

이제 본론으로 들어가서, 누가 김정은 이후 최고 권력자가 될 것이냐를 살펴보겠다. 위에서 본 5가지 조건을 완전하게 충족하는 인물은 없다. 그렇지만 가장 근접한 인물은 김씨 일가 중에서 김정은과 한세대 차이가 나는 인물, 즉 김정은의 아들밖에 남지 않는다. 나이나 경험은 문제가 되지 않는다. 당 조직지도부와 선전선동부가 중심이 되어 하나하나 만들어 가면 되기 때문이다.

김정일은 22살인 1964년도에 당조직지도부에서 후계자 수업을 시작했다. 김정은도 24살인 2008년경에 국가안전보위부에서 첫 공직생활을 시작했다. 당연히 제왕학 교육은 어린 시절부터 별도로 받아왔다. 이런 사실은 2001년 7월 김정일이 러시아 방문 시 "밑의 둘을 한 10년 정도 교육시켜 후계자로 삼겠다"고 직접 말한 데서 알 수 있다. 김정일을 밀착 수행한 폴리코프스키 러시아 극동지역 대통령 전권대표가 시베리아 횡단열차 안에서 김정일과 나눈 대화는 "김정일이 이미 2000년대 초부터 김정은을 후계자로 고려하고 있었다"는 사실을 시사해주고 있다. 당시 김정은의 나이는 17살이었다.

왕조국가의 국왕 즉위 사례도 큰 시사점을 보여준다. 많은 전문가들이 북한을 왕조국가에 비유하고 있다. 북한은 공식적으로는 사회주의 국가를 표방하고 있지만 신정체제이며 왕조국가이다. 왕조국가에서는 즉위 나이는 문제가 되지 않는다. 실제로 500여년 간 이어진 조선왕조에서 8세에 즉위한 헌종, 11세에 왕위를 물려받은 순조 등 약 절반 가량이 10대 이하다. 대표적 성군인 세종대왕도 22세에 즉위하였다.

김정은 딸과 김여정은
한계가 명확

지금부터는 김주애·김여정을 비롯 김정철, 김평일, 김경희 등 다른 백두혈통 인물들이 후계자가 될 수 없는 이유, 그들의 한계에 대해서 한번 짚어보도록 하겠다.

① 김주애

먼저, 언론의 집중적인 스포트라이트를 받고 있는 김정은의 어린 딸은 어떨까? 백두혈통에 다음 세대이니 자격요건은 당연히 갖추고 있다. 그러나 아직 유사한 선례가 없다. 새 길을 만들어 가야 한다. 만들어 나갈 수도 있다.

그렇지만 김주애 앞에 놓인 장애hurdle는 엄청나다. 유교적 문화가 뿌리 깊은 북한사회에서 여자라는 큰 핸디캡을 가지고 있다. 가부장적 남성우월주의 문화가 팽배한 곳에서 '여성 수령'을 받아들이는 것은 아직 시기상조이다. 특히 김주애로 승계가 되면 4대에는 문제가 없지만 5대가 되면 다른 성姓으로 권력이 이양될 수 있다. 백두혈통으로의 영구승계 원칙에 위배된다. 치명적인 약점이 아닐 수 없다.

당면해서는 무엇보다 막후에서 제왕학 수업을 받고 있을 오빠와 현재·미래의 실세인 고모 김여정을 넘어야 한다. 쉽지 않은 일이다. 따라서 김주애가 후계자로 점지될 개연성은 그다지 높지 않다.

지금 김주애의 역할은 일종의 '카메오'라고 할 수 있다. 후계자로 내정되었다면 지금처럼 하고 있지는 않을 것이다. 막후 후계수업이 먼저다.

김주애의 군 관련 행사 등장은 ▲북한의 핵보유국 정당성 선전쇼에 대한 주목을 끌면서 ▲또 한편으로는 대북제재 논의를 흐리게 하는 이중 효과를 노리고 있다. ▲그리고 핵무기가 단순히 군사용을 넘어 '미래세대'의 안전을 담보하는 것이라는 것과 함께 4대세습의 정당성도 자연스럽게 각인시키려는 고도의 선전선동술일 뿐이다.

이같은 김정은의 '비정한 아버지'로서의 행보는 극적 연출효과로 인해 단기적으로는 '핵 불포기', '미래세대 배려 부각' 등의 성과를 거두겠지만, 장기적으로 보면 '로얄 패밀리에 대한 신비감 퇴색', '김정은 리더십 손상', '후계문제에 대한 억측 자극'과 같은 문제점을 양산하는 자충수가 될 것으로 예상한다.

② 김여정

김여정은 어릴 때부터 밥상머리 사교육과 스위스 해외 유학 시절 내내 김정은과 늘 붙어서 생활한 정서적 동반자다. 그리고 지금은 정치적 동반자로까지 발전하고 있다. 특히 최근들어 김여정이 대남·대미 문제에 관해 직접 발언하는 동향으로 볼 때 가칭 "사회주의강국 건설 상무조"와 같은 T/F 조직을 만들어 활동하고 있지 않나 하는 추론도 가능하다.

그러나, 김여정은 명확한 한계가 있다. 첫째, 후계자는 다음 세대, 새 세대 인물이어야 한다는 세대교체론과 상치된다. 북한은 동일 세대 인물이 후계자가 되면 권력 누수는 물론이고 권력투쟁이 발생할 소지가 있음을 경계하고 있다. 둘째, 여자라는 신분과 특히 결혼 후 5대 지도자의 성姓 변경 개연성 문제는 김주애 경우와 똑

같다.

셋째, 현재 당에서만 역할을 수행하고 있다. 군이나 보위부 계통의 활동이 전혀 없다. 게다가, 대부분의 활동이 김정은의 정서관리와 보필에 주안을 두고 있다. 정상회담 시 모든 의전을 챙기고, 열차 플랫폼에서 김정은의 담뱃재떨이까지 챙겨 대령하고, 공장 준공식 때는 단상에서 컷팅 가위가 담긴 받침대를 들고 있다가 김정은에게 전달했다. 이런 행동이 과연 권력의 2인자, 후계자의 행동과 어울릴까?

차라리 김여정은 오빠를 정서적·정치적으로 뒷받침하여 성공한 지도자로 만들고, 권력이 백두혈통으로 세세손손 내려가는데 필요한 조치를 해 나가는 백두혈통의 관리자, 막후 2인자의 길을 모색하고 있다고 보는 게 보다 합리적인 추론일 것이다.

지난 2020년 5월 김정은이 20일간의 잠행을 깨고 순천인비료공장 준공식에 나타났을 때, 김여정이 주석단에서 김정은 바로 옆에 앉아 있는 사진을 본 많은 전문가들이 김여정이 후계자로 내정되었다는 분석을 내놓았었는데, 필자는 조금 다르게 생각했다.

김정은의 20일간 잠행이 기획연출 쇼인 것처럼, 김여정의 주석단 자리 배정도 김여정이 후계자라는 보도를 쏟아낸 세계를 또 한 번 혼돈에 빠지게 하려는 김정은과 선전당국의 연출쇼였을 수 있다. 왜냐하면, 그날 행사 비디오를 보면 김여정이 주석단에 앉기 전까지 현송월에게 넘겨주었던 의전 역할에 다시 치중하는 모습이 보였기 때문이다.

③ 김정철

김정은의 친형이자 김여정의 오빠인 김정철은 어떨까? 김정철은 어린 시절부터 유순한 성격을 가지고 있어 아버지의 눈에 후계자 감으로 들어오지 않았던 인물이다. 오죽하면 김정일이 "계집애같다"고 했을까?

그 이후 김정철의 삶은 정치와는 전혀 무관했다. 일부 언론에서 당이나 보위부 계통에서 일하고 있다고 보도했지만 사실무근이다. 그는 호르몬 분비계통에 이상 증세를 보여 치료하느라 고생한 데다 단 한번도 공직을 맡지 않았다.

오히려 그는 기타에 심취하여 독일, 싱가폴 등 해외에서 개최되는 유명 기타리스트 공연을 수시로 보러 다녔다. 후계수업을 받는 사람으로서의 행태는 전혀 아니었다. 2015년 5월 에릭 클랩턴의 영국 공연 때 김정철을 61시간 내내 밀착 보좌했던 전 영국주재

공사 태영호의 김정철에 대한 평가, "김정철은 아침부터 술을 찾고 오직 음악만 생각하는 사람"이라는 증언을 그냥 흘려 들어선 안 된다.

이처럼 김정철은 정치할 사람이 전혀 아니다. 단지 친정쿠데타 같은 특별상황이 발생할 경우, 혁명세력들이 전혀 실권이 없는 일회용 얼굴마담 정도로 활용할 인물이다.

④ 김평일

한편 언론에 가끔 거론되는 김정일 이복동생 김평일은 외양적으로는 백두혈통이지만 '곁가지'이고, 끈 떨어진 패배자loser일 뿐이다. 이미 40여 년 전에 해외로 나가 국내에 기반이 전혀 없는 인물이다. 2019년 말 평양으로 귀국한 것도 새로운 활동이나 예우 차원이 아니다. 해외에 놔둘 경우 반김정은 세력이 그를 유인하여 망명시키는 것과 같은 상황을 차단하기 위한 조치일 가능성이 크다. 그는 지금 평양에서 사실상의 연금 상태에 있다고 보면 될 것이다.

김평일이 혹시 정치무대에 다시 나서는 경우는 반김정은 쿠데타 또는 중국의 김정은 정권 붕괴 공작과 같은 극단적인 반전 상황이 발생할 경우를 상정할 수 있지만, 현재 상황으로서는 그 개연성이 극히 낮다.

⑤ 김경희

김정은의 고모이자 장성택 부인인 김경희도 이미 정치적 사망 선고가 내려진 인물이다. 2020년 1월 설맞이 공연 주석단에 출연시켜 아직 죽지 않고 살아 있음을 외부에 보여준 것으로 그 효용성은 다했다고 할 수 있다. 급변사태 발생으로 김경희가 다시 정치활동을 하는 상황을 완전히 배제할 수는 없지만 확률은 상당히 낮다.

⑥ 기타 권력층 인물

김정은이 조용원 당조직비서, 김덕훈 내각총리 등 제 3의 인물을 선택할 가능성은 얼마나 될까? 그 가능성을 완전히 배제할 수는 없지만 후계이론, 선행사례(공산권 및 북한), 그물망 같은 감시 체제, 권력층의 신민적 문화 등을 종합적으로 고려해 볼 때 그 확률은 상당히 낮다. 이들은 후계자 군이라기보다는 백두혈통 후계자를 지원하는 역할supporter이 제격이다.

김주애는 카메오·인트로, 김여정은 리베로

결론적으로 김정은의 후계자는 수령론과 후계자론, 그리고 다양한 변수를 종합적으로 고려해 볼 때 백두혈통, 그중에서도 이미

제왕학 수업에 들어가 있을 아들 중에서 나올 것으로 예상된다. 특히 2010년생이라고 알려진 장남을 주목해야 한다.

김주애나 김여정은 김정은의 후계자가 아니다. 될 수도 없다. 여자라는 태생적 한계가 있다. 백두혈통으로의 영구 승계가 규정되어 있는 북한 세습왕조 체제의 특성상 4대에서 여자로 넘어갈 경우 5대에는 김씨가 아닌 다른 성(姓)이 권력을 승계할 수도 있게 된다. 상상할 수 없는 일이다.

단, 김정은이 조기에 신변이상이 발생하는 경우에는 북한체제의 뇌수이자 신경망 조직인 당조직지도부를 중심으로 ▲어린 아들로의 왕위 계승과 섭정 ▲당정치국 중심의 과도기적 권력구조 운용 ▲1998년 김정일이 도입했던 책임분산형 권력구조의 2.0버전, 즉 당은 김여정, 외교는 최룡해, 경제는 총리 김덕훈, 군은 총정치국장 정경택, 안전은 국가안전보위상 리창대가 핵심 역할을 하는 5인 집단지도체제 ▲또는 태국 국왕제, 일본 천황제, 영국 왕실제와 같은 새로운 백두혈통 권력구조 도입 등을 상정해 볼 수 있을 것이다.

이런 과정에서 김여정은 매우 중요한 역할을 수행할 것이다. 김여정은 보통 여자가 아니다. 어린 시절부터 오빠와 함께 정치적 자질이 돋보였던 인물이다. 그러나, 본인이 스스로 후계자가 되고, 최고권력자가 되려고 시도하지는 않을 것이다. 그보다는 오빠 김정은을 성공한 지도자로 만들고 백두혈통의 관리자, 2인자로서 자리매김하기 위해 조심스럽게 활동의 폭을 넓혀 나갈 것이다.

김여정이 당부부장으로서 리베로libero: 자유로운 플레이어역할을 수행하고, 김정은이 "수령 유고 시 대행 역할을 하는 제1 비서 직책을 신설"한 것도 이같은 급변상황을 대비한 포석이라고 할수 있다.

한편 김주애는 지금처럼 아버지의 구상을 뒷받침하는 '카메오', 특히 친오빠로의 4대 세습을 자연스럽게 유도하는 인트로intro: 도입부의 역할을 수행해 나갈 것으로 예상된다.

필자는 지금까지 어쩔 수 없이, 즉 '바른 진단 바른 처방'을 위해 김씨 일가의 비정상적 세습체제 구축 움직임을 고찰했다. 매우 씁쓸하다. 3대 세습도 문제였지만 4대 세습은 망징亡徵의 수준이다. 역으로 우리에게는 '기회의 시간'이다. 북한 체제 정상화와 자유 통일한국 건설을 위해 좀 더 지혜를 모아 나가자.

※ 동 정론은 『북핵과 북한의 넘어』(2022.3. 곽길섭/도서출판 북랩)에 수록되어 있는 '포스트 김' 내용을 기초로 작성하였다.

세계로 미래로 통일로

김정은 체제 미래

엘리트 탈북민 김하경(가명)은 수년 여전 김정은 체제를 평가하면서 "경제난이 심화되고 당정군 간부들이 김정은에 대한 기대감을 접어 김정은은 10년을 버티기 어려울 것이다. 김일성 지지도를 100이라고 할 때, 김정일 50, 김정은은 10에 불과하다"고 불안정성을 압축적으로 표현한 바 있다.

그러나, 당시에도 상당수의 탈북민들은 "북한사회는 수령에 대한 무조건적 충성에 익숙해져 있고, 당정군 간부들은 기득권 유지에 혈안이 되어 있고, 주민들은 하루하루의 생활에 급급하고, 보위부 등 사찰기관의 거미줄같은 철통감시로 인해 김정은 암살 등은 꿈도 꿀 수 없다. 경제적으로 어렵기는 하지만 장마당 등을 통해 필요한 것을 구입할 수 있어 김정은 정권에 이상이 발생할 가능성은 거의 제로에 가깝다. 일반적으로 북한주민들은 자기들이 겪고 있는 생활난에 대해 수령의 잘못이 아니라, 그 밑에서 보좌하는 간부들이 무능하고 부정부패한 데서 기인한다고 생각하고 있다"면서 간부와 주민들의 속마음과 행동은 분명히 다르다는 점을 강조하였다.

│ 안정도 평가

이후 6년 여의 시간이 흐른 지금, 북한은 여전히 장기간의 대북제재 속에서 핵개발에 모든 자원을 우선 배분하고 있어 주민 생활난과 외교적 고립은 더욱 심화되고 있다.

"한국국방연구원이 9일 신원식 국민의힘 의원에게 제출한 '북한 미사일 발사비용 추계'를 보면, 북한이 지난 1월부터 6월까지 탄도미사일 제작에 들인 비용은 약 2,600억~4,061억 원이며, 여기에 인건비 10~30%, 운송 및 준비 등 기타 비용 10~20%를 더해 총 비용을 추산한 결과 최소 5000억 원에서 최대 8000억 원이 들었을 것이라고 분석했다. 신 의원은 북한이 올 6월까지 발사한 탄도미사일 비용만으로도 모든 주민에게 코로나 백신을 접종할 수 있고, 만약 쌀을 샀다면 1년 치 식량 부족분을 충당할 수 있다고 지적했다."

- 2022.6.9. 뉴데일리

그래서 일부 사람들은 이런 경제난에다 외부사조와의 접촉이 증대되면 "북한체제는 어느날 물먹은 담벼락처럼 무너질 수 있다"고 말한다. 과연 그럴까? "핵에는 핵으로, 정면대결에는 정면대결로"를 외치고 있는 김정은체제의 미래는 과연 어떨까? 그래서 김정은이 통치하는 북한을 SWOT 분석기법에 따라 강점(S),약점(W),기회(O),위협(T) 요인으로 구분하여 개괄적으로, 좀 더 균형감을 가지고 분석해 보고자 한다.

북한은 수령론·유일영도체계에 의해 김씨 일가의 통치가 당연시 되는 데다가 2중, 3중의 감시체계로 당정군은 물론 주민들의 저항이 근본적으로 불가능한 체제라는 점이 가장 큰 강점이다. 이와 달리 김정은의 출생 비밀, 경제난, 부정부패·양극화 심화 등이 최대의 아킬레스건이라고 할 수 있다. 또한 북한은 지정학적으로 해양과 대륙의 연결지점에 있어 한국 및 중·러·일 등과의 교류 협력의 교두보로서의 역할을 할 수 있는 천혜의 입지 조건을 가지고 있으며, 반면에 국제사회와의 교류가 확대될수록 외부사조 유입의 증대로 유동성이 증대하는 반작용이 있을 수 있다.

구조적으로는
안정

김정은은 집권 이후 당우위체계 복원·핵무기 보유 등으로 체제의 강점(S)를 보다 강하게 구축하였으며, 국정운영 경험 미숙·경제난 등 약점(W)을 상당 부분 해소하였거나 개선이 진행 중이다. 당면한 경제난도 비핵화 협상 참여나 국제사회의 인도적 지원 수락 등을 통해 충분히 해소시켜 나갈 수 있지만 핵 개발에 정책의 우선순위를 두면서 계속 후순위로 밀어 두고 있다. 특히 외부자유사조 침습문제에 대해서도 반동사상문화배격법 제정·사상교양 강화 등으로 대처를 해나가고 있다.

> "자기 고유한 생활양식이 흐트러지면 아무리 강한 경제력과 군사력을 가지고 있는 나라라 해도 취약해지기 마련이고 결국 물먹은 담벽처럼 무너지게 된다는 것이 역사의 심각한 교훈이다."
>
> - 2021.5.13. 노동신문

한편 가까운 장래에 남북 교류협력 및 중국과의 관계 복원, 미국과의 협상이 진행되면 기회요인(O)은 날개를 달 가능성이 열려 있다(〈참고〉 참조).

세계로 미래로 통일로

〈참고〉 김정은정권 안정도 SWOT 분석

강점Strength	약점Weakness

- 수령론
  * 유일적 령도체계확립 10대 원칙
  * 김씨 일가 신격화
- 노동당 지배구조
  * 당 조직지도부 및 선전선동부
- 군부 및 공안조직 완전 장악
  * 이중, 삼중의 감시체계/공포통치
- 김정은 비자금
- 저항세력 부재
  * 신민적, 운명공동체 의식
- 지배 엘리트들의 공생 구도
  * 북한판 음서제
- 경제난에 익숙한 사회
- 핵, 미사일 등 비대칭 무기 보유
	- 김정은의 출생비밀
	- 김정은의 국정운영 경험 미숙(X)
	  * 외교활동 기피(x)
	- 권력층내 상호불신, 보신주의
	- '병진노선'의 근본적 모순
	  * 선제핵공격 정책 법제화
	- 계획경제의 붕괴
	- 김정은의 과시적 경제운영
	- 공장기업소 기계설비 노후화
	- 군사력 유지 부담 증대
	- 개인주의 확산
	- 부정부패, 양극화 심화
	- 정치범수용소 존재
	- 급격한 정책변화에의 적응력

기회Opportunity	위협Threat

- 북한의 지정학적 요인
  * 해양-대륙 진출의 연결로
  * 주변국들이 급변사태 불원
- 희토류 등 다양한 광물자원
- 대한민국의 '담대한 구상'
- 중국과의 전통적인 혈맹관계
- 러시아의 신동방정책
- 대일청구권 자금
- 한국의 민족동질감, 평화통일노선
- 미국의 대북정책 전환 의지
- 시장경제에 입각한 경제활성화 모색
  * 5.30조치, 경제특구, 장마당, 휴대전
    화, 분조생산제 등
	- 국제사회의 대북제재
	- 남북관계 경색
	- 코로나19 확산
	- 김정은을 타깃으로 한 압박
	  * 유엔의 김정은 ICC기소
	  * 한·미군의 김정은 참수작전
	- 대북심리전(X)
	- 외부자유사조 유입
	- 외부의 북한개방 압력
	- 집단탈북
	  * 엘리트계층 탈북 증가 (X)
	- 화폐신뢰도 하락(외화결재)

* X는 2023년 이전까지는 존재하였으나, 약화되었거나 사라진 현상

이제까지 살펴본 바와 같이 ▲지금 김정은 정권은 비록 국제사회의 대북 제재가 지속되고 있어 경제적으로 어려움이 지속되고 있지만, ▲구조적으로는 좋은 환경이 마련되고 있다. 문제는 김정은의 결심 여하에 달려있다.

핵협상과 개혁개방이 중요 변수

결론적으로, 김정은은 2011년 12월 집권한 이후 지난 10여년간 급변하는 대내외 환경하에서 수령론·후계자론·유일영도체계확립 10대 원칙으로 대표되는 북한 특유의 권력이론 체계를 기반으로 하여 ①법·조직·인사의 '제도적 기반' ②선대 후광 활용 및 차별화의 '지도자 상징조작' ③핵보유국의 지위 확보·시장경제요소 도입 확대·비핵화의 '정책노선' 등을 통해 권력을 장악·공고화하는데 성공하였다고 평가된다.

즉, 김정은은 초기의 혈통승계 정권이라는 한계를 넘어 막스 베버가 주장한 이른바 '전통적, 합법적, 카리스마적 지배'가 삼위일체로 구현된 유일지배체제를 구축하였으며, 지금은 정권 안정과 영구집권을 위한 중요한 기반인 핵과 경제문제 해결을 위한 인프라 구축에 진력하고 있다.

이같은 김정은의 행보는 단기적으로는 국정운영에 대한 나름의 계산에 기초한 것이라고 판단되며, 장기적으로는 북한 체제의 근본 목표인 이른바 '김씨 일가가 영구 통치하는 나라' 건설의 중요한 모멘텀이 될 것으로 예상된다. 그러나, 물론 이러한 과정에서 과거 장성택 숙청과 유사한 대규모 피의 숙청, 핵 협상에서의 이탈 등 돌발사태가 일어날 가능성도 전혀 배제할 수는 없다.

앞으로도 김정은은 지난 10여년간 대처방식에 큰 변화를 주기보다는 지금까지 이룩한 성과를 기초로 ▲핵보유국의 위상을 다지면서 ▲장기적 과제인 경제난 타개를 위한 활동으로 점차 눈을 돌려나갈 것으로 예상된다. 이런 과정에서 김정은 건강 이상, 팬데믹 재확산, 김정은 오판에 기인한 대남도발과 같은 돌발변수가 언제든지 발생할 수 있으므로 적극 대비해 나가야 한다.

※ 동 정론은 『북핵과 북한의 넘어』(2022.3. 곽길섭/도서출판 북랩)에 수록되어 있는 '김정은 체제 전망' 내용을 기초로 작성하였다.

북한내 쿠데타 발생 가능성

국내외 많은 사람들이 북한이 경제적으로 어렵고, 특히 군부 실세들이 갖은 고욕을 치르고 있는데 개발도상국의 일반적인 현상인 쿠데타가 일어나지 않고 있는가? 하는 의문을 가지고 있다.

그 답은 "북한에서 쿠데타는 사실상 거의 불가능하다"이다. 북한은 놀랍게도 예외(No)라고 할 수 있다. 지금부터 그 이유를 5가지로 대별하여 얘기하겠다.

제1요인:
군부 분산·견제 장치

가장 먼저, 북한 특유의 군부 분산·견제 장치다. 쿠데타의 생명은 비밀 유지인데, 북한사회에서는 이중, 삼중의 감시·견제 장치로 그야말로 바늘 하나 떨어지는 소리도 보위 계통에서 파악하고 있다. 군부대를 통솔하는 지휘관 옆에는 군총정치국 소속의 정치위원이 항상 있다. 결재 권한까지 공유하고 있다. 부대에 두 명의 지휘관이 있는 셈이다. 여기에다 군보위사령부를 비롯해 국가안전보위성 등 핵심 공안 부서들의 첩보망이 이중 삼중으로 작동하고 있다. 모든 지휘관들의 일거수일투족이 다양한 루트를 통해 상부에 실시간으로 보고되고 있는데 그 누가 감히 딴마음을 먹을 수 있을까?

제2요인:
3인 이상 회합 시 사전 신고제

다음으로, 주민 생활의 바이블인 유일영도체계 확립 10대 원칙 중 "모든 사람들은 수령을 제외한 다른 인물에 대한 환상을 가져서는 안 된다"에 따라 3인 이상 회합 시에는 사전에 계통 보고를

하게끔 되어 있다. 그래서 북한 사람들은 결혼이나 장례식과 같은 공인된 장소에서의 만남 이외에는 서로 만나지 않고 사는 게 너무나 자연스러운 일상이 되어 있다. 이런 상황에서 그 누가 반역 모의를 할 수 있을까?

유일영도체계 확립 10대원칙(1974년 제정, 2013년 개정)

제6조 4항	개별적 간부들에 대한 환상, 아부아첨, 우상화를 배격한다.
제7조 7항	세도와 관료주의, 주관주의, 형식주의, 본위주의를 비롯한 낡은 사업 방법과 작풍을 철저히 없애야 한다.
제9조 6항	개별적 간부들이 월권행위를 하거나 직권을 탐용하는 것과 같은 온갖 비원칙적인 현상을 반대하여 적극 투쟁하여야 한다.
제9조 7항	친척, 친우, 동향, 동창, 사제관계와 같은 정실, 안면관계, 돈과 물건에 따라 간부 문제를 처리하는 행위에 대해서는 묵과하지 말고 강하게 투쟁하여야 한다.
제9조 9항	당의 유일적 영도체계에 어긋나는 비조직적이며 무규율적인 현상에 대하여서는 큰 문제이건 작은 문제이건 제때에 당중앙위원회에 이르기까지 각급 당조직에 보고하여야 한다.

제3요인:
도청

셋째, 이렇게 회합을 못하는 것과 더불어, 모든 전화나 대화는 상시 도청되고 있다. 북한의 당정군 간부들은 국가가 지어서 배분한 집에서 살며 차를 탄다. 미행감시는 기본이다. 도·감청에 완전히 노출되어 있다. 당국이 집 전화는 물론 휴대폰, 메일 등 모든 통신수단을 유리알처럼 투명하게 볼 수 있는 곳이 북한이다.

제4요인:
평양방어부대의 막강한 위력

넷째, 평양방어사령부, 호위사령부 등 김정은을 호위하는 특수부대들이 정규군보다 숫자는 적지만 훨씬 더 막강하다. 그리고 이 부대들은 군총참모부 명령이 아닌 김정은의 직접 지시를 받는 부대들이다. 따라서 전후방 지역에 주둔한 군대가 쿠데타를 일으킨다고 해도 어떻게 평양방어선을 뚫을 수 있을까? 특수부대들은 누구에게 더 충성할까?

제5요인:
군부 내 신민적 문화

다섯째, 군부 내 신민적 문화다. 북한 군부는 수령과 당의 군대로서의 역할에 충실한 집단이다. 그렇게 훈련되어 있다. 자유민주 사회처럼 국가의 미래와 국민을 생각하는 집단이 아니다. 계급을 강등시켜도 "다 김정은의 뜻이다. 혁명화 처분을 안 받은 것만 해도 큰 다행이다. 반성하고 더 열심히 하면 다시 신임을 주실 것이다"라며 충성을 맹세하는 게 북한 군부의 실상이다.

쿠데타 또는
암살 환경 미성숙

이처럼 북한에서 쿠데타가 발생하는 건 거의 불가능하다. 영화 〈강철비 2: 정상회담〉(2020)과 같은 상황은 픽션 속에서나 가능한 시나리오일 뿐이다. 굳이 상상을 해 본다면 김정은 친위대나 측근 인물이 암살을 도모하는 경우를 상상할 수는 있겠다.

우리 사회의 상당수 사람들은 김정은의 눈 밖에 난 핵심 측근 중 누군가가 1979년 박정희 대통령을 시해한 '제2의 김재규'와 같은 인물이 되지 않겠는가 하는 소망을 표시하곤 한다. 그러나 이 또한 거의 불가능에 가깝다. 김정은 측근이라면 자기도 3대째 부귀영화를 누리고 있는데 무엇하러 목숨까지 걸어 가며 어려운 길을 택할까?

그리고 974부대와 같은 밀착 경호원들만이 총탄이 장전된 총을 휴대하고 나머지 사람들은 모두 빈 총이다. 그 어떤 경우에도 총이나 칼을 가지고 김정은에게 접근할 수 없다. 심지어 국가안전보위상이라고 할지라도 '1호 행사'에서는 예외일 수 없다. 이중, 삼중의 경호 체계 속에서 암살 등 돌발사태가 발생할 가능성은 거의 제로라고 생각하는 게 합리적 판단이다.

쿠데타와 암살의 생명은 '비밀 유지'와 '결사'다. 북한에서는 그러한 환경이 전혀 보장되지 않는다. 거미줄 같은 감시 체계와 사상 교육으로 인해 군은 그야말로 어항 속의 금붕어, 사냥개처럼 살고 있다. 그리고 그것을 합리적 선택이라고 생각하고 있다.

향후 북한군이 보다 적극적인 역할을 할 수 있는 경우는 스스로 혁명을 도모하기보다는 김정은 유고와 같은 급변 상황이 발생했을 경우 새로운 지도자를 옹위, 보위하는 중추 세력으로서의 기능 정도다.

※ 동 정론은 『김정은과 바이든의 핵시계』(2021.7 곽길섭/도서출판 기파랑)에 수록되어 있는 '북에서 쿠데타·암살이 어려운 5가지 이유' 내용을 기초로 작성하였다.

제2편

知己

지기

국가의 평안함과 위태로움은
옳고 그름을 극복할 수 있는가의 여부에
달려 있는 것이지, 힘이 강하고 약함에
달려 있는 것이 아니다.

安危在是非 不在於强弱

— 한비자

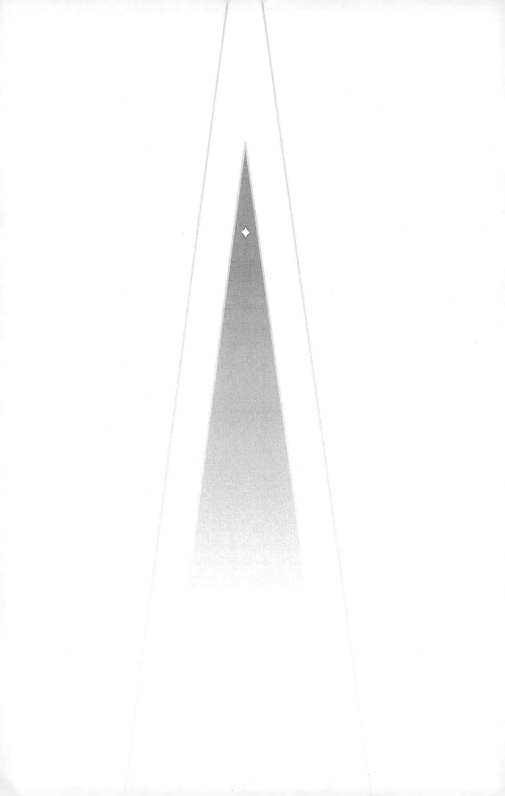

제2의 남북한 체제경쟁 레이스가 시작되었다

"남북한 체제경쟁은 끝났다." 정치인, 학자, 국민 대다수가 이구 동성으로 했던 말이다. 1980년대 말 사회주의권 붕괴에서 촉발된 북한의 심각한 경제 상황에 기초한 평가다. 최근 50배 이상으로 격차가 더욱 벌어진 국민총생산GNP을 비롯한 모든 경제지표가 이를 뒷받침해 주고 있다.

| 핵은 게임 체인저Game-changer

그렇지만, 이 말이 앞으로도 계속 유효할까? 아니다. 결코 장담 할 수 없다. 김정은이 집권 이후 핵개발에 올인하여 사실상 핵보유국이 되었기 때문이다. 국제정치에서 핵무기는 일종의 게임 체인저다. 북한 표현을 빌려오면 "만능의 보검"이다. 앞으로 모든 게 180도 달라질 수 있다.

벌써 이런 징후가 곳곳에서 감지되고 있다. 김정은은 2022년 9월 '핵 선제공격 정책'을 법제화하였다. 특히 '령토완정嶺土完整' 표현을 전문과 제1조에 명문화함으로써 적화통일 노선을 더 적나라하게 밝혔다. 이후 우리는 상식과 상상을 초월하는 다양한 수준의 도발을 지켜보고 있다.

이런 점에서 2022년은 "북한이 제2의 체제경쟁 레이스 신호탄을 쏘아 올린 해"라고 규정할 수 있다. 일반적으로 국력은 인구, 영토, 자원 등에 기반한 한 국가의 총체적 능력을 의미한다. 통상 국제정치학에서는 군사력, 경제력, 정신력을 중요한 기준점으로 평가한다.

과연 우리가 지금과 같은 우월성을 유지하며 북한을 평화·번영의 길로 리드해 나갈 수 있을까? 세계적 국제정치학자 한스 모겐스는 "핵이 있는 나라와 없는 나라가 싸울 때 선택은 단 두 가지뿐이다. 싸우다 죽거나, 싸우지도 못하고 항복하는 것"이라고 강조했다. 물론 다른 환경도 함께 고려해야 하겠지만, 우리는 이 석학碩學

의 고전적 경고를 흘려들어서는 안될 것이다.

남북한 국력
변화 추세

국제정치에서 강조하는 3가지 포인트에 기초해서 남북한 국력의 추錘가 어떻게 변화하는지를 짚어보는 것은 의의가 있다.

첫째, 군사적 측면이다. '비대칭 무기'라는 표현에서 알 수 있듯이, 핵무기는 기존 군사력을 일거에 무용지물로 만든다. 인정하기 싫지만, 이제부턴 북한이 우위라고 할 수 있다. 그럼 이같은 불균형을 상쇄해 주는 한미 동맹은 영원할 수 있을까? 우리는 6.25전쟁의 도화선이 된 애치슨 라인, 베트남과 아프가니스탄 멸망, 트럼프의 반동맹적 행보 코드(이익이 안 되면 언제든 떠난다)를 잊지 말아야 한다. 물론 지금은 한미 동맹이 그 어느 때보다 튼튼하지만, 안보는 최악의 상황을 가정하며 대비해 나가는 게 원칙이다.

둘째, 경제력이다. 북한의 경제 상황은 두말할 필요도 없이 어렵다. 핵개발로 인한 자원배분 왜곡, 경제 제재로 파생된 문제는 해결이 쉽지 않다. 그렇지만 국제사회 지원을 한사코 거부하며 사회 전반을 리세팅resetting하고 있는 점을 간과해서는 안 된다. 경제는 바닥을 쳤고, 대화의 장으로 복귀할 경우 예정된 경제적 편익도 엄청나다. 겉으로 드러난 상황만 봐서는 안 된다.

셋째, 정신력이다. 논란의 여지가 있다. 그렇지만 북한은 수령-당-대중이 일사불란하게 움직이는 체제다. 반면에 지금 대한민국은 어떤가? 이념-지역-세대 간 분열이 도를 넘고 있다. 한 국가가 맞는가? 1945년 해방 정국의 혼란상이 재연되지는 않을까 하는 우려가 들 정도이다.

│ 자만은 금물

모택통이 장개석을 몰아냈고, 베트콩이 월남을 정복할 수 있었던 배경을 잘 곱씹어 봐야 한다. 레이스에서 다소 앞서 달린다고 자만해서는 안 된다. 바통을 놓칠 수 있고, 잘 달리던 주자가 넘어질 수도 있기 때문이다.

담대한 구상과 국제연대, 3축 체계 구축, 북한 체제 정상화, 국민 공감대 확산과 같은 실효적 대응으로 '핵과 분단을 넘어 세계로-미래로-통일로 나아가자'. 그러면 시간은 우리 편이다.

국정운영의 지혜

옛말에 "셋이 걸어도 그중에 스승이 있다"고 했다. 한발 더 나아가 지금 바로 옆에 있는 사람이 선생이라 생각하며 사는 게 세상살이의 지혜다. 완벽한 사람은 없다. 누구나 장·단점이 있기 때문이다. 타산지석他山之石, 반면교사反面教師와 같은 고사성어가 있는 것도 이런 연유일 터이다.

국가지도자의 덕목

최고통치자도 예외가 아니다. 가장 높은 자리에 올랐다고 자만해서는 안 된다. 끊임없이 자신을 뒤돌아 보며 역사와 국민, 그리고 미래와 대화해야 한다. 세계 각국 지도자들과도 선의의 경쟁, 협력을 해나가야 한다.

특히 자유 대한민국의 대통령은 비핵화의 가면을 벗고 '한반도 공산화 통일' 야욕을 노골화하고 있는 김정은을 맞상대해 나가야 하는 특수한 위치에 있다. 주적主敵이자 대화상대이기도 한 북한에 대한 정확한 인식이 필요하다. 김정은과 북한체제의 장점까지 국정운영에 활용하는 열린 마인드, 통 큰 자세를 가지면 금상첨화다.

따라서 이번 글은 대통령이 국정을 추진해 나가는 데 있어 도움이 될만한 김정은 통치행태를 알기 쉽게 압축적으로 서술해 보려한다. 일종의 적으로부터 배우는 지혜라고 할 수 있다.

주목할만한 김정은 통치행태

가장 먼저, 김정은이 대전략grand strategy을 가지고 움직이는 지도자라는 점이다. 많은 사람들이 김정은과 북한체제를 과소평가(=붕괴론) 하거나, 선의(=감상적민족주의)로만 접근하려 한다. 그러나, 희

대의 승부사·독재자를 상대할 때는 다소 과하게 평가하고 대비하는 게 더 안전하다.

김정은은 "김씨 일가 영구집권 기반 구축, 사회주의 강국 건설, 한반도 공산화 통일"을 3대 목표(필자는 '김정은夢'으로 명명)로 설정하고 이를 구현하기 위한 하드웨어hardware로 핵·미사일을, 소프트웨어software로 인간·사회 개조와 통일전선전술을 추진하고 있다. 코로나19·대북제재 위기도 문제가 되지 않는다. 오히려 대전략을 구현하는 절호의 기회, 즉 문을 걸어 잠그고 평소 꿈꾸던 세상을 건설하는 실험을 하고 있다.

이같은 대전략을 구현하기 위해 김정은은 김일성과 김정일이 경제난 등 여건의 악화로 36년 동안이나 순연해 오던 당대회를 이미 두 차례나 개최하며 '경제발전 5개년 계획', '국방발전 및 무기개발 5개년 계획' 등을 수립·추진하고 있다. 또한 당규약-헌법-법률 재정비와 당정군·사회단체 조직의 활동을 보다 조직화·다각화하고 있다.

따라서, 새 정부도 이같은 김정은의 장기적 안목에 기초한 대전략과 세부 전략전술 시행을 눈여겨 봐야 한다. 비록 임기가 5년이라는 한계는 있지만, 북핵 문제 해결 로드맵을 비롯한 각 분야의 5

년간 세부 국정 로드맵이 꼭 필요하다. 최소한 2024년 4월 제22대 총선까지의 큰 그림은 가지고 세부 국정 활동을 조정하며 추진해 나가야 할 것이다.

둘째, 안보우선주의security-first다. 김정은은 집권 이후 미국과의 '2.29 합의'(영양지원 對 모라토리움)를 잉크로 채 마르기 전에 파기 (2012.4.13.)하고 핵·미사일 개발에 올인해 오고 있다. 안보가 없으면, 지금은 물론 미래도 없다는 판단이다. 최근 들어서는 체제안전 담보장치를 넘어 "서울 주요시설 타격"까지 언급하며 대한민국을 위협하고 있다.

따라서, 정부도 안보에 최우선을 두어야 한다. 게다가 미중 패권 경쟁이 심화되는 국면에서 안보주권만큼은 한치의 양보도 없어야 한다. 북한과 중국에게 당당하고, 국민들에게는 솔직해야 한다, 국론결집, 자강自强, 한미 동맹 강화, 국제사회와의 공조가 답이다. 선부른 대화는 김정은에게 핵·미사일 고도화의 시간만 더 벌어주고 정권유지에 자양분을 수혈해 주는 격이 될 것이다.

셋째, 승부사勝負士 기질이다. 김정은은 서자이자 막내임에도 불구하고 후계자로 낙점되었고, 집권 후에는 아버지 김정일이 임명 했던 후견인 리영호 군총참모장·장성택 당행정부장 등을 빠르게 숙청하고 홀로서기를 선택하였다.

코로나19가 발생하자 무역의 90%를 차지하는 중국과의 국경을 선제적으로 차단한 후 지금까지 유지하고 있다. 문재인 정부와 국제사회의 지원 수령을 한사코 거부하고 있다. 이밖에 미국과의 판갈이 싸움·정상회담 참가 등 헤아릴 수 없는 정도의 결단을 하면서 전국적인 네트워크를 가진 당정군·사회단체 시스템 재정비, 30~40대 젊은 층 등용 확대 등으로 조직에 활력을 불어넣고 있다.

따라서, 새 정부도 당장의 이해득실을 따지기 보다는 큰 시각을 가지고 결단을 내려야 할 때는 과감하게 행동해야 한다. 특히 사드 THAAD 추가 배치, 쿼드Quad 가입 등 안보와 관련된 사안에 대해서는 보다 더 당당해야 한다. 중국의 보복을 미리 겁내어 알아서 기는 행동을 보여서는 안 된다. 중국이 그릇된 행동을 취하면, 미국 등 우방국과 연대해서 중국에 불이익을 준다는 결기 정도는 보여야 한다.

그리고 '새 술은 새 부대'라는 말처럼 우리 사회를 전반적으로 혁신해 나가야 한다. 그 밥에 그 나물로는 여소야대의 높은 벽을 넘어 국민의 기대를 충족해 나가기 어렵다. 신선함·혁신만이 답이다. 사족蛇足으로, 통일부장관이 여러모로 자격을 갖춘 사람이어서

별 문제가 없긴 하지만, 필자는 평소 통일부장관은 '게임을 할 줄 아는 30대 여성'이 기용되면 좋겠다고 얘기하곤 했다. 북한을 상대하는데 기존의 관점과 방식은 이미 한계를 노정했기 때문이다.

젊고 개성있는 글로벌 마인드를 가진 여성 통일부장관이 나오면 남북한 청소년 간 게임도 제안하고, 방송 교류·인터넷 개방도 하라고 당당하게 요구하지 않을까? 이렇게 하면, 지난 대선 기간 중 상당한 세력을 형성했었던 '이대녀'(20대 여성)들의 마음도 끌지 않을까?

넷째, 현장field을 중시한다. 김정은은 물론 김일성·김정일도 생전에 현지 지도활동을 즐겨 했다. 생생한 현장 목소리 청취와 격려, 본보기model 창조로 생산 투쟁을 독려하는 주요 방편이었다. 한편으로는 전국에 산재한 특각에서의 휴식 기회로 활용하였다.

따라서, 우리 새 대통령도 한 달의 1/3동안은 서울을 떠나 지방에 체류한다는 마음을 가지고 국정을 시작하는 것은 어떨까? 이른바 '움직이는 대통령실' 개념을 도입하면 ▲책임 총리·장관제 구현 ▲국토의 균형있는 발전(지방에 대한 관심도 제고) ▲국민 속으로의 대선 공약 적극 실천 등의 효과가 기대된다. 이런 과정에서 대통령도 자연스럽게 일을 떠나 '쉼'과 '새로운 것과 만나는 시간'을 가질 수 있는 부수 효과도 거양할 수 있을 것이다.

다섯째, 연출이긴 하지만 인간미人間美 넘치는 풍모다. 김정은은 애민정치를 표방하면서 필요할 때는 '악어의 눈물'까지 보인다. 수해현장에 직접 RV카를 몰고 간다. 런닝셔츠 바람으로 농민들과 대화를 나눈다. 쪽배를 타고 NLL 인근의 섬을 전격 방문한다. 주민과 군인들이 감격해 하지 않을 수 없다. "각본이다"라며 무조건 비하하기 앞서 그 효과에 대해 곰곰이 생각해 보아야 한다.

따라서, 새 대통령도 서민 지도자, 국민과 함께 하는 대통령의 이미지PI: President Identity를 형성해 나가야 한다. 억지로 좋은 상像을 만들려고 하면 역효과가 날 수 있다. 대통령이 평소 가지고 있는 서민적 풍모, 즉 요리하는 남자, 막걸리와 소주를 좋아하는 털털함, 당구 500을 치는 스포츠맨 등의 모습을 취임 후에도 그대도 보여주면 된다.

필자는 대통령이 집무실에서 일만 하는 사람이 아닌 한 달에 한 번 정도는 휴가도 가고, 야당인사·청년·근로자·농민 등과 술잔도 기울이며 취미생활도 함께 하는 모습을 자주 보고 싶다.

적에게서도 배우는
초월적 발상

지금까지 우리는 김정은의 유의미한 통치행태, 즉 ①대전략grand strategy에 기초한 전략전술적 행보 ②안보 우선주의security-first ③승부사勝負士 기질 ④현장field 중시 ⑤친인민적親人民的 요소 등에 대해 살펴보았다.

물론 "겉으로 드러난 면을 보고 과대평가한 게 아니냐"라는 반론도 있을 수 있다. 물론 그럴 수 있다. 특히 한정된 지면이라 논리가 비약되었을 수도 있다. 그렇지만 큰 틀, 화두라는 차원에서 접근하면 조금은 도움이 될 것이다. 다시 한 번 강조하지만, 지금 한반도는 일찍이 손자가 설파한 '지피지기 백전불태'의 정신을 넘어 '적에게서 배운다'는 초월적超越的 발상까지도 필요한 때이다.

하나하나를 모아모아, 세계로-미래로-통일로!

윤석열 정부의 안보 핵심과제

지금 대한민국은 미중 패권경쟁, 코로나19 팬데믹, 북핵 위협을 비롯한 크고 작은 삼각파도를 아슬아슬하게 헤쳐 나가고 있다. 과연 윤석열 정부는 문재인 정부의 실패를 능동적으로 넘어 '자유·평화·번영이 넘치는 글로벌 중추국가'를 건설해 나갈 수 있을까? 국가의 백년대계를 생각해 본다.

정책과 시스템의 재검토

국가의 제1임무는 영토 보전과 국민 생명 보호이다. 코로나, 부동산, 청년 문제는 발등에 떨어진 불이다. 정부가 당연히 시급한 과제로 다뤄야 한다. 그렇지만 문 정부가 망가뜨린 안보정책 정상화도 분초를 다투는 중차대한 문제다. 과거 '청와대의 만기친람식 국정운영과 일선 부서의 들러리 역할 전락, 대북한·중국에 대한 굴종적 태도'는 중단없이 청산되어야 한다. 대한민국의 안전과 미래, 통일한국의 운명이 걸려 있기 때문이다.

이를 위해서는 전임 정부 대북정책과 국가안보시스템 전반에 대한 리뷰review와 대혁신이 지속적으로 필요하다.

대북 정책

김정은은 콤플렉스와 야망을 지닌 승부사이다. 윤석열 대통령도 승부사 기질이 대단하다. 앞으로 두 승부사는 어떤 식으로 만나야 할까? 아니 윤석열 정부는 어떤 식으로 북한을 리드해 나가야 할까?

축구를 예를 들어보자. 세계 축구사를 보면 현란한 개인기를 바탕으로 화끈한 공격력을 보여주는 브라질·스페인식 축구와 팀플레이와 압박 수비를 위주로 하는 영국·이태리식 축구가 양대 산맥을 형성하고 있다. 물론 지금은 토털싸커total soccer가 대세이지만, 그 근저에는 과거의 이같은 양대 흐름이 계속 이어지고 있다. 공격형 축구는 관중들에게 재미있는 볼거리를 많이 주지만, 완벽한 실력을 갖춘 팀이 아니면 화려함에 비해 실익이 별로 없다. 반면에 수비형 축구는 흥미는 덜하지만 실점을 줄여 주어 어느 정도의 성적은 늘 보장해 준다.

따라서, 미중 패권경쟁, 북한의 핵·미사일 위협, 코로나19, 부동산·청년 문제 등 다양하고 복잡한 빅이슈들을 머리에 이고 있는 윤석열 정부는 당분간 무리한 공격 보다는 수비를 튼튼히 다지는 데 보다 중점을 두어야 할 것이다. 특히 최근들어 블러핑bluffing이 아닐까하는 의구심마저 들 정도로 전방위적인 대남무시-대미압박 전술을 구사하고 있는 김정은에 대해서는 두말할 나위도 없다.

즉 앞으로 김정은을 상대해 나갈 때는 전임정부 실패의 전철을 밟아서는 안 된다. ▲조급해서는 안 되며 ▲튼튼한 안보, 중장기적 관점과 원칙에 입각한 당당한 대북정책을 추진해 나가야 한다. 일종의 남북관계 '비정상의 정상화'가 먼저이다. 이런 기조하에 ▲미국 등 국제사회와의 전략전술적 공조를 통한 '북한 비핵화 로드맵' 성안과 제시 ▲북한주민에 대한 인도적 지원과 북한체제 변화전략(필자는 이를 비핵화, 자유화, 시장화, 친한화, 세계화의 5화 전략으로 명명)을 주도면밀하게 시행해 나가야 한다. 그러면 시간은 분명히 우리 편에 있다.

국가안보시스템

한편 정부의 안보대비체계 효율화 문제에 대해서는 5가지 방향을 제안해 본다.

첫째, 청와대 국가안보실은 그야말로 컨트롤타워 역할만 수행하고, 이슈별 권한과 책임을 국정원, 외교부 등 일선 안보부서로 이관해야 한다. '작은 대통령실, 책임장관제' 구현에 더욱 박차를 가해야 한다.

둘째, 대한민국 국가안보시스템에 영국·미국 등 선진국이 채택하고 있는 정보공동체IC: Intelligence Community 개념을 도입하는 것을 적극적으로 검토해 볼 필요가 있다. 대표적인 예로 미국이 9·11테러 이후 정보사각지대 해소와 융합정보 생산을 위해 CIA, FBI 등 16개 부분정보기관을 총괄 감독·협업하는 국가정보장실DNI을 신설하고 합동정보평가위원회JIC를 운영해 오고 있는 점을 벤치마킹할 필요가 있다. 단, 별도 조직을 신설하기보다는 '국가정보원 원

세계로 미래로 통일로

장실'에 유사한 역할K-DNI을 부여하고 안보 관련 전 기관을 수직·수평적으로 묶는 법률적-제도적 조치를 취하면 될 것이다.

셋째, 이같은 '정보공동체 출범'을 전제前提로 국가정보원을 제로 베이스에서 재편하는 문제를 검토해야 한다. 국정원의 주 임무는 '남북대화의 선봉대'가 아니다. '정보수집·평가와 자유민주체제 수호'이다. 그런데 문재인 정부는 국정원을 북한과의 비선 대화채널로 주로 활용하면서, 대공수사권을 무력화하고 여타 기능을 행정기관화하였다. 간첩의 필체로 원훈석院訓石을 새기는 상식 이하의 행동까지 자행했다.

국정원의 정상화가 자유 대한민국 정상화의 시작이다. 단, 과거 '무소불위의 권력기관' 또는 '제왕적 국정원장' 출현은 예방해야 한다. 이를 위해 국정원을 원장실K-DNI과 2개 차장실K-CIA, K-FBI로 분리할 것을 제안한다. 이를 통해 내부 상호견제와 협업의 틀frame을 구축한 후 군, 경찰 등 정보공동체와의 융합정보생산 체제를 보강한다. 즉, 원장실은 새로 편성되는 정보공동체의 수장인 국가정보장K-DNI을 겸임하면서 차장실·부문정보기관과의 협업과 감독, NSC 사무처 기능, 융합정책정보 생산을 주 임무로 한다. 분리·독립된 2개 차장실은 각기 독립적으로 첩보 수집·평가와 행동을 전담토록한다.

이렇게 될 경우, 오랜 숙제였던 ▲정책과 정보의 분리 ▲일체·독주형 → 견제·협업의 선진국형 순수정보기관으로 탈바꿈할 수 있다. 당연히 국가안보실·NSC국가안전보장회의 운영의 내실화에도 크게 도움이 된다. 한편 2023년 말 경찰로 이양하도록 되어 있는 '대공수사권' 조정(사실상 국정원 대공수사권 박탈) 문제점을 해소하는 전기가 될 수도 있다.

넷째, NSC와 자문회의 기능을 활성화한다. 회의는 대통령이나 국가정보장이 주재한다. 실무적 뒷받침은 신설되는 국가정보장실이 수행토록 한다. 특히 전문가 자문회의는 상시조직보다는 관료와 민간 전문가들이 일정 기간 협업을 하는 TF 성격으로 운영한다. 대통령이 주재하는 '북핵 위기 해소를 위한 민관합동위원회'가 좋은 예가 될 수 있을 것이다.

다섯째, 통일부 개편도 계속 검토해야 한다. 국민들은 지난 5년간 북한과의 대화와 교류·협력만을 지상과제로 여기는 부서의 폐해를 똑똑히 목격했다. 통일부의 존재 이유와 핵심 기능이 무엇이어야 하는지에 대한 철저한 성찰을 바탕으로 임무와 조직을 재정비한 후 지속적으로 쇄신해 나가야 한다.

세계로 미래로 통일로

진정한 한반도
평화의 길

평화는 우리 모두의 간절한 소망이자 목표다. 그렇지만 염원하고 외친다고 평화가 보장되지는 않는다. 김정은이 스스로 핵을 포기할 가능성은 점점 멀어지고 있다. 세계는 우리에게 선택을 강요하고 있다.

따라서 윤석열 정부는 전임 정부의 대북정책 실패를 반면교사反面教師로 삼아 ▲자주국방과 한미 동맹을 기초로 한 튼튼한 안보태세 구축 ▲미국·중국·일본 등 핵심 이해 당사국들과의 전략적 외교 강화를 통해 "김정은이 핵을 가지고 있으면 손해다"라는 인식을 가지게끔 만드는데 주력해야 한다.

처음에는 더디고, 김정은의 강한 반발을 불러올 수도 있다. 그러나 온 국민이 힘을 합쳐 그것을 당당히 이겨낼 때만이 진정한 한반도 평화, 자유민주통일의 길을 열어 나갈 수 있다. 국론 결집과 안보 시스템 재정비, 자강自強, 국익외교는 더 이상 선택이 아닌 필수다.

제2의 한미상호방위조약이 필요하다

때는 바야흐로 만물이 소생하는 봄이다. 그러나 한반도를 둘러싼 정세는 한치 앞을 내다보기 힘들다. 미중 패권경쟁, 코로나19 팬데믹pandemic, 기후 위기, 4차 산업혁명의 소용돌이 속에서 세계 평화와 공존공영을 선도해 나가야 할 미·중·러 등 강대국들이 사생결단의 대결을 펼치고 있다.

특히 북한은 대북 제재로 인한 경제난 심화와 같은 구조적 난제難題를 전혀 아랑곳하지 않고 핵·미사일 질주와 선전전을 통해 한반도의 긴장을 더욱 고조시키고 있다. 따라서 '안보 불안' 관리는 윤석열 정부의 최우선 정책과제이다.

북핵 위협에 대한
근원적인 대처 절실

윤석열 정부가 치킨게임chicken game을 벌이고 있는 김정은을 제대로 상대해 나가기 위해서는 보다 근원적·실천적 예방장치가 필요하다. 대통령은 후보자 시절에 미국과의 핵공유협정 체결, 전술핵 재배치 등과 같은 방안은 ▲북한의 핵보유를 정당화 시켜주고 ▲향후 북한과 진행할 수밖에 없는 대화와 협상에 장애물이 되며 ▲오히려 대한민국도 국제사회의 규범을 위반하게 되어 경제외교적으로 막대한 손실만 초래할 뿐이라고 강조했다.

북핵 해법에 대한 전체 맥락을 정확히 이해하면서 큰 그림도 잘 그리고 있었다. 그러나 최근 들어 북핵 리스크가 갈수록 커지자, 이같은 원칙론을 과감히 깨뜨리며 "전술핵 재배치·자체 핵무장 가능성까지 열어 두겠다"는 의지를 표방(2023.1.) 하였다. 매우 시의적절한 자세 전환, 대한민국의 운신 폭을 대폭 확대시킨 과감한 전략 전술적 행보가 아닐 수 없다.

한미동맹 70주년을
계기화

윤석열 정부는 취임 이후 발 빠르게 미국과의 연이은 정상회담
과 고위급 회담 개최를 통해 한미관계를 '포괄적 전략동맹 관계'로
한차원 더 격상시켰다. 핵에는 핵으로 대응한다는 원칙하에 확장
억제력을 강화하면서 북핵 문제에 대처하고 있다. 그렇지만 보다
근원적·제도적인 장치 보강이 더해지면 금상첨화다.

지금 한·미관계는 1953년 휴전 후 체결한 한미상호방위조약에
근거해 양국이 안보위험에 처할 경우 상호 지원·참전토록 규정되
어 있다. 이를 기반으로 대한민국은 안보 부담을 덜고 경제개발에
진력하여 한강의 기적과 민주화를 이루어냈던 것이다.

세계로 미래로 통일로

한미 상호방위조약

○ 개 요

- 정식 명칭: 대한민국과 미합중국간의 상호방위조약
- 체결: 1953.10.1 변영태 한국 외무장관과 존 포스터 덜레스 미국 국무장관이 조인

○ 조약 전문

본 조약의 당사국은, 모든 국민과 모든 정부가 평화적으로 생활하고자 하는 희망을 재확인하며, 또한 태평양 지역에 있어서의 평화 기구를 공고히 할 것을 희망하고, 당사국 중 어느 1국이 태평양 지역에 있어서 고립되어 있다는 환각을 어떠한 잠재적 침략자가 갖지 않도록 외부로부터의 무력 공격에 대하여 그들 자신을 방위하고자 하는 공동의 건의를 공공연히 또한 공식으로 선언할 것을 희망하고, 또한 태평양 지역에 있어서 더욱 포괄적이고 효과적인 지역적 안전보장 조직이 발달될 때까지 평화와 안전을 유지하고자 집단적 방위를 위한 노력을 공고히 할 것을 희망하여 다음과 같이 동의한다.

제1조 당사국은 관련될지도 모르는 어떠한 국제적 전쟁이라도 국제
   평화와 안전과 정의를 위태롭게 하지 않는 방법으로 평화적 수

단에 의하여 해결하고 또한 국제관계에 있어서 국제연합의 목적이나 당사국이 국제연합에 대하여 부담한 업무에 배치되는 방법으로 무력에 의한 위협이나 무력의 행사를 삼갈 것을 약속한다.

제2조 당사국 중 어느 1국의 정치적 독립 또는 안전이 외부로부터의 무력 공격에 의하여 위협을 받고 있다고 어느 당사국이든지 인정할 때에는 언제든지 당사국은 서로 협의한다. 당사국은 단독으로나 공동으로 자조自助와 상호 원조에 의하여 무력 공격을 저지하기 위한 적절한 수단을 지속 강화시킬 것이며 본 조약을 이행하고 그 목적을 추진할 적절한 조치를 협의와 합의하에 취할 것이다.

제3조 각 당사국은 타 당사국의 행정 지배하에 있는 영토와 각 당사국이 타 당사국의 행정 지배하에 합법적으로 들어갔다고 인정하는 금후의 영토에 있어서 타 당사국에 대한 태평양 지역에 있어서의 무력 공격을 자국의 평화와 안전을 위태롭게 하는 것이라 인정하고 공통한 위험에 대처하기 위하여 각자의 헌법상의 수속에 따라 행동할 것을 선언한다.

제4조 상호적 합의에 의하여 미합중국의 육군, 해군과 공군을 대한민국의 영토 내와 그 부근에 배치하는 권리를 대한민국은 이

를 허여許與하고 미합중국은 이를 수락한다.

제5조 본 조약은 대한민국과 미합중국에 의하여 각자의 헌법상의 수속에 따라 비준되어야 하며 그 비준서가 양국에 의하여 워싱턴에서 교환되었을 때 효력을 발생한다.

제6조 본 조약은 무기한으로 유효하다. 어느 당사국이든지 타 당사국에 통고한 후 1년 후에 본 조약을 종지終止시킬 수 있다.

이상의 증거로서 하기 전권위원은 본 조약에 서명한다. 본 조약은 1953년 10월 1일 워싱턴에서 한국문과 영문 두벌로 작성되었다.

대한민국을 위하여 **변 영 태**

미합중국을 위하여 **존 포스터 덜레스**

* 조약전문은 '행정안전부 국가기록원' 자료이다(포탈 검색일: 2023.2.17.)

그러나, 한미상호방위조약은 북한이 핵을 개발하기 이전 '재래식 전쟁'을 상정하고 만든 협약이다. 지금은 모든 게 변했다. 북한은 사실상의 핵보유국이 되었으며, 핵도발 시 미국이 개입할 적절한 타이밍timing을 놓칠 수 있다. 따라서 핵전쟁에 대비한 보다 확실한 한·미 공조와 대응 방안을 합의·천명, 즉 '제2의 한미상호방위조약(선언)'을 체결해야 할 때다. 이는 한반도와 동아시아의 안정, 더나아가 세계평화의 관건적 요소가 될 것이다.

제2의
한미상호방위조약

그 핵심 내용은 "①미국은 한반도 유사시 자동 개입을 명문화한 '1953년 10월 한미상호방위조약'의 정신을 재확인한다. ②한·미는 포괄적·미래지향적 한미 동맹의 미래 청사진을 제시한 '2021년 5월 워싱턴 한미 정상회담 합의문'을 실천적으로 이행해 나간다. ③한·미는 북한을 무력으로 침략하지 아니한다. ④북한의 핵·미사일 개발은 남북합의서와 국제법 위반이므로 중지해야 한다. 그렇게 하지 않을 경우, 국제사회는 대북 제재를 더욱 강화한다. ⑤만에 하나, 북한이 핵·미사일을 대한민국과 세계를 향해 실제적으로 사용할 징후가 보이면, 한·미는 자위권 차원에서 도발 원점·지휘부 타격을 비롯한 가용한 모든 조치로 대응할 것임을 천명한다. ⑥ 북한은 현존하는 모든 핵 활동을 중단하고 비핵화 협상테이블에 조건 없이 나와야 한다. ⑦한·미는 북한의 진전성이 확인되면 대북 제재 해제, 교류·협력 재개, 인도적 지원 등 상응 조치를 보장하며, 보다 궁극적으로는 북한 체제 안전보장과 경제개발 플랜을 적극 수립·지원한다." 등을 포함한다.

동 선언의 ⑤항은 ▲북한이 국제사회의 노력에도 불구하고 핵을 포기하지 않을 경우를 상정한 플랜 B의 성격으로서 ▲김정은의 핵 도발 의지를 근원적으로 꺾어 대한민국의 안전을 담보하고 ▲설사 북한이 핵을 가지고 있더라도 "쓸모 없게", "오히려 정권에 부담이 되게" 하기 위한 고도의 압박 전술이다.

결연한 의지와 행동이 중요

물론 대화와 교류·협력을 중시하는 일부의 비판도 예상된다. 그러나, 지금은 한·미 당국이 김정은의 강경 드라이브에 맞서 결연한 의지와 행동을 보여주어야 할 때이다. 북한의 핵·미사일 개발이 거의 마무리 단계에 와있고, 김정은은 이미 대북 제재(중·러의 이탈로 구멍도 생기고 있음)에 내성耐性을 가지고 있어 대화와 협상, 레드라인 설정, 대북 제재, 포괄적 비핵화 로드맵 등으로는 한계가 있다. 김정은에게 '도발=정권 멸망'이라는 사실을 인식케 하는 것만이 북한의 핵·미사일 공갈과 도발을 막을 수 있다.

지금은 3차 북핵 위기 국면이다. 위기를 위기로 인식해야 한다. 한가롭게 대처할 때가 아니다. 가용한 모든 역량을 총동원해야 한다. 지난해 5월 한미정상회담에서의 '윤-바 선언'이 자유 대한민국의 ▲튼튼한 안보태세 구축 ▲북핵 문제 해결 ▲세계로-미래로-통일로 나아가는 모멘텀이 되었다.

1953년 체결한 '한미상호방위조약'이 6.25전쟁 이후 자유 대한민국의 안보와 경제발전의 핵심적 토대가 되었듯이, 앞으로는 '제2 한미상호방위조약(선언)'이 북핵문제를 근원적으로 해결하고 자유·평화·번영의 글로벌 중추국가로 나아가는 핵심 축軸이 될 것을 믿어 의심치 않는다.

북핵 문제의 시작과 끝은 모두 김정은이다. 김정은에게도 보다 당당해질 필요가 있다. "구더기 무서워 장 못담그는" 일이 있어선 안 된다. 우리가 대응 스펙트럼(0에서부터 100까지)을 스스로 제한하는 우愚를 범해서는 안 된다. 북핵 문제는 이미 고차복합 방정식으

로 변했다. 그래서 알렉산드로 대왕이 칼로 내려쳐 잘랐다고 하는
'고르디우스 매듭'의 지혜도 원용할 필요가 있는 것이다.

북핵해법은 '무용화 無用化'가 답이다

북한의 '핵·미사일 모라토리움' 파기와 계속되는 전략도발로 인해 북핵 문제는 또다시 시계 제로 상황에 있다. 이는 낭만적 민족주의와 이상주의에 기초한 전임 정부 대북정책의 참담한 실패를 넘어 한반도, 동아시아, 국제비확산체제NPT가 새로운 차원의 위기 국면으로 진입했음을 말해주는 것이다.

이제부터 우리는 북한을 "핵보유국으로 인정하느냐" 여부를 떠나 핵을 개발하는 북한이 아닌, 핵·미사일을 실전배치하는 북한을 상대해야 한다. 이같은 엄혹한 현실은 한·미가 기존의 방법이 아니라, 새로운 발상과 틀frame에 기초하여 대처해 나갈 것을 요구하고 있다.

　　　　　　　세계로 미래로 통일로

비핵화를 넘어
무용화로

이에 따라, 필자는 한·미가 기존의 북핵 폐기를 위한 '비핵화 협상 전략'을 지속 추진해 나가되, 보다 근원적으로는 ①자강自强 ② 미국의 핵우산 장치 보강 ③북한의 위법 행위에 대한 국제사회의 제재 강화 ④북한 체제가 선택 가능한 미래 청사진(붕괴 對 발전) 제시 등을 통해 김정은으로 하여금 "핵은 계륵과 같은 존재다. 천신 만고 끝에 핵보유 목표를 달성하고 나니, 그 다음이 문제다. 오히려 민심 이반, 정권 멸망을 자초하는 화근이 될 수 있다"라는 생각을 가지게끔 하는, 즉 김정은의 심리를 직격하는 가칭 '무용화無用化 전략'으로 무게 추를 옮겨갈 것을 제안한다.

이번 화두話頭는 일종의 공격적인 '전략적 인내' 정책이라고 할수 있다. 이같은 장기적·미래지향적 안보태세와 철통같은 한·미 공조가 있으면, 북한 핵은 그야말로 무용지물이 될 것이다.

이제부터 우리는 북한핵에 대해 경계는 철저히 하되, 김정은에게 무엇(대화와 협상)을 요구하기 보다는 '스스로 대비하고 해결'하는 태세로 전환해야 한다. 세계가 부러워하는 대한민국, 세계질서를 선도하는 제1슈퍼파워 미국과 군사·가치동맹 관계를 맺고 있는 대한민국이 뭐가 아쉬워서 불량국가 북한에 굽실굽실하며 매달려야 하는가? 그리고 정부와 언론은 북한의 위협과 공갈을 국민들에게 그대로(아니 증폭하여) 전달하며 불안감을 조성하는가?

제발 부탁한다. 이제부터는 김정은에게 당당해지자. 북한과 대결하며 긴장을 고조시키자는 게 아니다. 상식과 규범, 국격에 맞게 행동하자는 것이다. 정부가 국민들에게 자신감 넘치는 목소리를 들려주자는 것이다. 북한이 아무리 핵·미사일을 개발하고 실전 배치해도, 혹여나 도발을 해도, 우리는 충분히 이겨낼 만반의 준비 태세가 구축되어 있다. 그리고 앞으로 더욱 보강해 나갈 것이다. 국민들은 정부를 믿고 자기 일에만 전념하면 된다. 그렇지만 만약 김정은이 오판하여 도발한다면, 평화를 지키기 위한 전쟁은 피하지 않을 것이다. 우크라이나를 보라. 국제사회가 우리를 지지할 것이다. 평화는 공짜가 아니다.

현 정부는 이같은 당당한 자세와 국제공조 강화를 통해 일체감을 조성한 가운데 북핵 문제를 정부의 모든 역량을 총집중하는 제1과제가 아닌, '북핵 대응 민관 합동 T/F'와 같은 조직이 실무적 수준에서 차분하게 대처해 나가는 식으로 제도화하는 게 바람직하다. 북핵 문제를 경시하는 게 아니다. 경계와 고민은 철저히 하되, 국가는 북핵 문제라는 올가미·블랙홀black hole에서 빠져 나와 국익

중진과 세계의 가치·문화를 선도해 나가는 일류 선진 국가를 만드는데 더욱 진력하자는 것이다.

최근 김정은의
강경 드라이브 저의

김정은의 반평화·반국제법적 행동이 도를 지나치고 있다. 특히 올해 들어서는 김정은이 주요 계기 시마다 '핵에는 핵, 정면 돌파전에는 정면 돌파전으로'를 주창하면서 군창건일 열병식을 통해 다량의 전략·전술 핵무기를 선보였다.

"조선로동당 중앙군사위원회 제8기 제4차 확대회의에서는 2023년도 주요 군사·정치 과업과 군 건설방향에 대한 전망적 문제들이 심도있게 토의되었다. 경애하는 김정은 동지께서 군사위원회 확대회의를 지도하시였다. … 확대회의에서는 군사사업을 근본적으로 개선 강화하기 위한 기구편제적인 대책을 세울 데 대한 문제, 조성된 정세에 대처하여 인민군대의 작전전투훈련을 부단히 확대 강화하고 전쟁 준비 태세를 보다 엄격히 완비할 데 대한 문제, 현실발전의 요구에 맞게 군대 내무 규정의 일부 조항들을 새롭게 개정하는 문제를 비롯하여 군사정치사업에서 일대 전환을 가져오기 위한 일련의 실무적 과업들이 연구·토의되고 해당한 결정들이 채택되였다."

— 2023.2.7. 조선중앙통신

이는 김정은이 집권 이후 일관되게 추진해 왔던 핵무기 개발이 이제 거의 막바지 수준에 도달했음을 시사해 주는 것이다. 김정은의 핵개발은 김일성·김정일 시대와는 완전히 달랐다. ▲비밀리에 핵개발에 시동을 건 김일성이나 ▲핵과 경제 실리 획득이라는 2마리 토끼를 잡으려 했던 김정일과 달리 ▲김정은은 핵보유국이라는 목표를 전면에 내세우고 모든 희생을 감수해 왔다.

김정은의 공식집권 첫날(2012.4.13.)의 행보가 은하-3호 발사, 즉 미국과의 '2.29 합의'(미국의 경제지원↔북한의 모라토리움) 파기였다는 사실을 직시해야 한다. 그 이후 경제를 희생하며 핵개발에 올인하였으며, 협상이 진행되던 기간 중에도 비대칭 전략무기 역량을 더욱 강화하였다. 급기야 2021년 8차 당대회에서는 핵무기 고도화·정찰위성 개발 등을 골자로 하는 '국방발전 5개년 계획'을 수립·공표하였다.

북한이 최근 핵·미사일 개발의 가속페달을 더욱 세게 밟고 있는 것은 ▲이같은 장기 계획plan에 기초하여 ▲미중 패권전쟁과 우크라이나 사태로 촉발된 미·러 갈등 국면 ▲대한민국 리더십 교체기 등을 적의 활용하려는 술수이다. 이를 통해 북한은 ①핵·미사일 활동의 정당화와 향후 군축회담 모멘텀 확보 ②김정은을 중심으로 한 결속 강화 ③대남 비대칭군사력 우위 확보를 겨냥하고 있다.

7차 핵실험
가능성

이런 가운데 국내외 언론은 전문가·연구기관들의 평가를 인용하여 북한이 금명간 7차 핵실험을 실시할 것이라는 예측을 내놓고 있다. 위에서 밝힌 3가지 측면에서 그 가능성을 배제할 수는 없지만, 필자는 다음과 같은 사유로 인해 그 시기는 매우 유동적이라고 보고 있다.

첫째, 과거 핵보유국의 전례를 볼 때 핵실험은 6차례면 충분하다. 그 이후 핵탄두 고도화는 컴퓨터 시뮬레이션 기법에 기초한 임계전 핵실험을 통해 추진하는 게 일반적이다.

둘째, 현재 항공사진을 통해 확인되고 있는 풍계리 핵실험장 개·보수 공사 징후는 대미 압박용 전술이거나, 혹시 있을 수 있는 추가 핵실험에 대비한 인프라 구축 작업일 수 있다. 핵실험과 곧바로 연결 짓는 것은 다소 무리이다.

셋째, 북한이 열병식 시위에 이어 지금 준비 중인 정찰위성 발사 또는 대륙 간 탄토미사일 정각 발사만 진행해도 정치-외교-군사-사회적 효과를 충분히 거양할 수 있다. 특히 정찰위성 발사는 핵전력 운용체계 고도화, 우주의 평화적 이용 권리 주장, ICBM 위력 과시 등 다목적 효과를 도모할 수 있어 매력적인 카드이다. 이밖에 잠수함발사탄도미사일SLBM 적재 잠수함 건조식, SLBM 시험발사 등도 옵션이 될 수 있다.

넷째, 7차 핵실험은 최후의 결정적 한방으로 계속 남겨 두는 게 보다 실효적이다. 핵실험은 초극강의 수단이다. 지금은 강대강强對强이면 충분하다. 초극강은 초극강을 부르기 때문이다.

그렇지만 우리는 "국가안보는 0.001%의 가능성에도 대비해야 한다"는 원칙에 입각, ▲한·미의 가용한 정보역량을 총동원하여 ▲ 조기경보, 대북경고, 국제공조 등에 한치의 빈틈이 없도록 해야 할 것이다.

향후 북한의 전략전술 전망

김정은의 목표는 핵보유국이다. 핵은 자신의 정권안정은 물론 김씨 일가의 영구집권을 담보하는 최후 안전판이자, 대남 비대칭 군사력 우위 확보, 전 한반도 통일을 위한 핵심 수단으로 인식하고 있다.

따라서, 김정은은 핵을 위해 모든 희생을 감수하고 있다. 미중유의 코로나19 위기와 오랜 기간 계속되고 있는 대북 제재 국면을 북한 체제를 근본적으로 재구축resetting하는 기회로 역이용하고 있다. ▲일단 경제를 희생하더라도 ▲핵·미사일 강국이 되고 ▲대중국 종속경제와 사경제 시스템을 혁파·개선하고 ▲주민들의 사상을 다시 개조함으로써 김씨 일가가 영구집권하는 사회주의·공산주의 사회를 건설하려는 게 목표(이른바 '김정은夢') 이다.

그러므로, 북한은 핵·미사일 개발의 속도를 멈추지 않을 것이다. 혹여나 비핵화 협상장에 다시 나오더라도 '핵보유국 인정과 대미 군축협상'을 주장할 것이다. 특히 상반기에는 한미합동군사훈련, 한미정상회담 등을 구실로 하여 다양한 수준의 도발을 전개할 것으로 예상된다.

북핵 무용화를 위한
전략전술적 방안

김정은이 지구전 태세를 갖추었다면, 새정부는 더 더욱 장기적 관점에서 접근해야 한다. '임기가 5년밖에 안 되고, 중간에 각종 선거를 치러야 하는 정부가 어떻게 장기 플랜을 가지고 움직일 수 있나?'라고 질문할 수도 있다. 당연하다. 맞다. 그렇지만 임기를 막 시작하는 정부라면 가능하다. 국민에게 보다 더 솔직하게 얘기하고 이해를 구하면 된다.

그리고 장기長期라고 해서 단기적인 대처방안(당근과 채찍)이 전혀 없는 게 아니다. 단, 오직 평화라는 비전vision만 주야장천 외치며 'Again 2018', 대화와 교류협력 재개를 위한 단기 이벤트 성사에만 집착한 문재인 정부의 전철하루살이식 접근법: daily-base approach을 밟지만 않으면 된다.

북한이 혹여나 7차 핵실험 등으로 도발하는 경우에도, 우리는 차분하게 원칙적으로 대응해야 한다. 미국 등 국제사회와 함께 북한의 잘못된 행동을 단죄하면서, 북한핵을 서서히 무력화·무용화 시켜 나가야 한다. 즉 우리 스스로가 물리적·심리적 대비 태세를 튼튼히 하는 게 무엇보다 중요하다. 그렇게 하면, 모든 것을 쏟아부은 김정은만 애간장이 탈 것이다.

필자는 이런 기조하에 북한이 핵·미사일을 실전배치하는 단계로 발전한 작금의 국면에서 자유 대한민국이 추구해 나가야 할 '북핵

무용화 전략전술'에 대한 가이드 라인 10가지 정도를 적시해 본다.

첫째, 북한을 핵보유국으로 공식 인정해서는 안 된다. 단, 실제적으로 북한이 국제법을 위반하고 핵능력을 강화시키고 있기 때문에 '불법적인 핵보유 추진국가'로 네이밍naming 하고 대응해 나가야 한다. 상당수 전문가와 언론이 애용하고 있는 '사실상의 핵보유국' 용어는 더 이상 사용하지 말아야 한다.

둘째, 김정은이 핵의 유용성, 즉 "핵을 계속 보유하는게 좋은지, 아니면 적절한 시기에 딜deal을 하여 안보경제적 실리를 취득하는게 좋은지"에 대해 셈을 할 수 있는 분위기를 조성해 나가야 한다.

셋째, 이를 위해서는 우리가 의제와 방식(로드맵)을 선점하고 당당히 대처해 나가야 한다. 5년간의 로드맵은 가지고 상대해 나가야 한다. 북한이 조건부 회담을 제안하면 거부할 수 있는 담대한 마인드를 가지고 있어야 한다. 그러면 시간은 북한편이 아니라, 우리의 편이 될 것이다.

넷째, 북한의 핵·미사일 도발에 대비한 제2의 한미상호방위조약을 채택하도록 노력하자. 이것이 어려우면 최소한 '북핵문제 대처를 위한 한국과 미국의 공동대응 방안' 제하의 양해각서MOU라도 체결하여 양국의 결연하고도 실천적인 의지를 보여 주어야 한다. 미국의 '핵태세 보고서'NPR에는 "극단적 상황에서의 핵무기 선제타격 방침"이 명기되어 있음을 유념하자.

다섯째, 킬 체인'Kill Chain, 한국형 미사일방어체계KAMD, 대량응징보복'KMPR의 3축 체계 완비를 통한 자강自强 노선을 더욱 분명히 하자. 특히 당면해서는 김정은에게 심리적·물리적 위협을 줄 수 있는 대량응징보복 전력증강과 '발사의 왼편' 전략 강화에 좀 더 비중을 두어야 한다.

여섯째, 한·미의 정찰활동을 강화하고 합동군사훈련을 정상화하자. 김정은의 동선을 수시로 공개하는 것도 북한에 경고를 보내는 좋은 방법이다.

일곱째, 중국에게 우리의 안보 자주권을 강조하고, 북한 비핵화를 위한 대북제재에 보다 적극적으로 동참할 것을 요구하자. 유엔 안보리 거부권 행사는 북한의 핵보유를 방조하는 반평화·반국제법적 행동임을 공론화하자. 이를 위해서는 UN유엔은 물론 NPT국제비확산체제, IAEA국제원자력기구 외교를 보다 전방위적으로 펼쳐나가야 한다. 북한, 중국, 러시아를 총체적으로 압박해 나가야 한다.

여덟째, 북한이 또다시 레드라인을 넘을 경우 '9.19군사합의' 파기와 북한의 유엔 회원국 제명을 추진하자. 그리고 여타 국제기구로부터 북한을 퇴출시키는 운동을 전개해 나가야 한다. 최악의 경우, 레짐체인지regime change도 옵션에 포함시킨다.

아홉째, 북한체제를 변화, 정상화시키기 위한 전략(5化: 비핵화, 자유화, 시장화, 친한화, 세계화)을 공식·비공식적으로 본격화하자. 특히 자유화 전략은 북한사회 저변, 즉 '밑으로부터의 혁명'의 토대일 뿐 아니라 주민들의 기본적인 삶과 관련된 문제이므로 한시도 머뭇거려서는 안된다.

열번째, 이같은 무용화 전략을 실무적 차원에서 계획을 수립하고 시행, 점검해 나가기 위해 국가안보실장을 책임자로 하는 정부 합동T/F와 민관합동위원회를 운영하자.

북핵 무용화를 위한 10가지 가이드라인(요약)

① 북한의 핵보유국 지위 절대 불인정
② 김정은의 셈법 바꾸기
③ 핵협상 의제와 방식 선점
④ 제2의 한미상호방위조약 체결(이것이 어려우면 최소한 '북핵문제 대처를 위한 한국
　과 미국의 공동대응 방안' 제하의 MOU 체결)
⑤ 3축 체계 완비('발사의 왼편' 전략도 병행 강화)
⑥ 한·미 정찰활동 강화 및 합동군사훈련 정상화
⑦ 중국에게 우리의 안보 자주권 및 북핵 비핵화 노력 강조
⑧ 레드라인 공표
⑨ 북한체제를 정상화시키기 위한 5化 전략 추진
⑩ 북핵 문제 해소를 위한 정부합동T/F와 민관합동위원회 운영

김정은 심리를
직격해야

　북한 비핵화를 위한 핵시계가 거꾸로 가고 있다. 그러나 실망하
거나 좌절할 필요는 없다. 우리만 당당하면 된다. 정상에 오르면
정상의 의미가 달라진다. 젊었을 때 열망하고 빛났던 것들이 세월
이 흐르고 나면 변하는 게 자연스러운 세상의 이치이다. 우리는 이
런 기조하에 김정은의 심리를 직격해 나가야 한다.

세계로 미래로 통일로

지금은 냉철한 현실인식에 기초하여 발상의 대전환이 필요한 때이다. 지난 30여년간의 비핵화 노력은 물거품이 되어 가고 있다. 김정은이 핵을 스스로 포기할 가능성은 거의 없다. 이제부터는 보다 실제적으로 북핵을 무력화·무용화 시키는데 역량을 집중해야 한다.

이를 위해서는 핵단추를 가지고 있는 김정은의 심리를 움직이는 게 필요하다. 또한 세계 제1의 핵보유국이었던 구舊 소련이 멸망한 이유가 만성적인 경제난과 미국 레이건 대통령의 경제력을 바탕으로한 군비경쟁(스타워즈' 프로젝트)이라는 사실도 유념해야 한다.

결론적으로 북핵문제의 해법은 ▲비핵화를 넘어 ▲핵균형과 함께 ▲무용화無用化 전략, 즉 김정은의 심리를 직격하고 북한체제를 변화시킴으로써 "핵이 더 이상 쓸모가 없다. 오히려 자신의 정권유지에 해가 될수 있다"는 인식을 가지게끔 유도하는 데 있다는 점을 다시 한 번 강조하면서 외교부·국방부 등 안보부처의 세부 논의를 기대해 본다.

윤석열 정부의 담대한 구상을
떠받치는 3D 기둥

윤석열 대통령은 2022년 8.15광복절 경축사를 통해 "북한이 실질적 비핵화에 나설 경우, 그 진전에 맞춰 단계별로 북한 경제와 민생·인프라를 획기적으로 개선해 나가겠다"는 이른바 '담대한 구상'을 발표하였다. 이후 북한의 거듭된 도발에도 불구하고 동 제의는 계속 유효하다는 점을 강조하고 있다.

대통령실은 '담대한 구상'이 "이명박 정부의 대북정책인 '비핵-개방-3000'의 복사판이 아니냐"는 일부의 부정적 시선에 대해서는 "비핵화가 전제조건이 아니며, 남북이 비핵화 논의를 착수함과 동시에 초기협상 과정부터 대북경제지원 등을 강구한다는 점에서 큰 차이가 난다. 특히 경협방안 이외에도 정치·군사 부문 협력 로

세계로 미래로 통일로

드맵도 내부적으로 준비되어 있다"며 차별성을 강조하고 있다.

3개의
기둥_{pillar}

대통령실과 통일부를 비롯한 국가안보부처는 윤석열 정부의 대북정책이 대화Dialogue, 억제Deterrence, 단념Dissuasion이라는 3D 기둥이 뒷받침하고 있다고 부연 설명하고 있다.

즉 "담대한 제안을 통해 '대화'의 구체성과 실효성을 보강하면서도, 미국의 확장억제 실행력 제고와 함께 한국 자체의 3축 체계를 강화해 북한의 핵공격 시도를 '억제'하고, 안보리 대북제재의 철저한 이행을 통해 북한의 핵을 '단념' 시키는 노력을 멈추지 않을 것이다"(2022년 9월 2일 조선일보 기사 인용) 라는 것이다.

정확한 목표 설정이며,
실천적 지침이다!

필자는 지난 문재인 정부 시절 내내 '대화 지상주의'의 위험성을 경계하면서, 대한민국의 대북정책은 냉철한 현실인식을 바탕으로 ▲장기적 관점과 정공법에 기초한 북한 비핵화 협상, ▲자주 국방(미국의 핵우산 강화 포함), ▲북한 정상국가화 활동의 3개 기둥pillar에 기초해서 종합적·지속적으로 추진해 나가야 한다고 강조해 왔기 때문이다.

윤석열 정부가 제시한 대화Dialogue는 '비핵화 협상', 억제Deterrence는 '자주 국방'과 동의어라고 할수 있다. 그렇지만, 국제사회의 대북제재 강화를 통해 북핵 포기를 유도한다는 '단념'Dissuasion은 '북한 정상국가화'의 개념까지는 포괄하지 못하고 있다.

따라서, 정부는 '단념'을 대북제재라는 협의狹義의 개념이 아닌, 북한 정상국가화·민주화라는 광의廣義의 개념으로 운용해 나가야 할 것이다. 북한의 핵개발은 독재자가 주민들의 눈과 귀를 막고 그들의 피와 살을 제물로 바치며 이뤄지고 있기 때문이다.

김정은은 집권 이후 '핵보유국+군축회담을 통한 경제실리 확보', 이른바 〈2마리 토끼 잡기〉 전략전술을 일관되게 추진해 오고 있다. 앞으로도 김정은이 스스로 핵을 내려 놓을 가능성은 크지 않다.

"세상에는 흥정할 것이 따로 있는 법, 우리의 국체인 핵을 경제협

세계로 미래로 통일로

력과 같은 물건 짝과 바꾸어 보겠다는 발상이 윤석열의 푸르청청한 꿈이고 희망이고 구상이라고 생각하니 정말 천진스럽고 아직은 어리기는 어리구나 하는 것을 느꼈다."

- 2022.8.19. 김여정/로동신문

그러므로, 우리는 가용한 수단을 총가동하여 고립·기만·공포 속에서 하루하루를 살아가는 북한 주민들을 깨어나게 하고 김정은의 셈법을 바꾸도록 노력해 나가야 한다.

민주화Democratization
정책 가미해야

이를 위해서는 비핵화·한반도 평화체제 로드맵과 북한의 호응에 기초한 '대화'Dialogue의 제1기둥은 물론이고, 갈수록 증대되는 북핵위협에 물리적으로 균형을 유지하기 위한 '억제'Deterrence의 제2기둥을 흔들림 없이 추진해 나가는 것이 우선적 과제이다.

그러나, 이것만으로는 충분하지 않다. 하루라도 빨리 북한을 비핵화 협상의 테이블로 다시 나오게 만들기 위한 '단념'Dissuasion이라는 제3기둥의 역할이 매우 중요하다. 국제사회의 대북 제재 강화는 기본 중의 기본이다. 압박과 함께 보다 고차원적인 조치가 가미되어야 한다. 필자는 그 해답이 북한 사회 민주화Democratization에 있다고 생각한다.

북한 사회를 위-아래로부터 동시에 변화시켜 나가기 위해서는 필자가 제시한 '5화 전략'(비핵화, 자유화, 시장화, 친한화, 국제화)이 가이드라인이 될 것이다. 특히 정부-비정부기구NGO, 공개-비공개 활동을 총동원하여 북한 사회 저변으로부터 민주시민 의식이 싹트도록 해야 한다.

북한주민의 기본권 보장, 북한 내 외부자유사조 전파, 북한방송통신 선제적 개방 등은 이같은 선상에서 볼 때 의미있는 테마들이다. 그러나 이같은 정책 추진을 위해서는 북한의 대남통일전술에 대응할 수 있는 관련 법·조직의 재정비가 필수적이다.

정부의 3D 개념을 굳이 4D로 변경·공식화할 필요까지는 없다, 북한이 거부감을 가지고 있는 '민주화'Democratization를 전면에 내세우지 않더라도 '단념'의 개념에 북한 민주화 목표를 포함시키고 적극 시행해 나가면 될 것이다.

세계로 미래로 통일로

우리의 길에
더욱 주력해야

김여정은 대통령의 '담대한 구상'을 "어리석은 꿈을 꾸지 말라", "절대로 상대하지 않을 것"이라며 일언지하에 걷어찼다. 그러나 이같은 말에 일희일비할 필요는 없다. 지금은 북한이 전 세계적인 코로나19 팬데믹pandemic하에서 북-중-러 신新 북방삼각동맹체제를 구축하고 핵·미사일 개발 마무리와 미국과의 판갈이 싸움에 주력하고 있는 국면이다.

미구未久에 이같은 강대강 국면이 지나면, 협상의 시발점은 '담대한 구상'이 될 수밖에 없다. 이런 측면에서 윤석열 정부는 문재인 정부의 실패를 거울삼아 북한에게 너무 지나치게 매달리지 말고 '세계로-미래로-통일로'라는 우리의 길을 당당히 가야 한다.

제1, 2, 3기둥pillar은 선후가 없다. 동시에 입체적으로 진행되어 나가야 한다.

그렇지 않으면, 지난 30여년간의 북핵 개발 역사에서 우리가 겪은 북한의 기만성欺瞞性, 특히 지난 문재인 정부 시기의 굴욕적屈辱的 냉대·망언·공갈에 또다시 당할 수밖에 없다.

윤석열 정부는 이같은 '닭쫓던 개 지붕쳐다 보는' 어리석음을 또 다시 재연해서는 안된다. 북한의 태도와 무관하게 우리가 능동적으로 한반도 상황을 관리, 리드해 나가야 한다. 그런 의미에서 제1, 2기둥 못지않게 '광의廣義의 제3기둥'Dissuasion+Democratization의 중요성은 더해진다,

남북한 간 대화와 교류·협력은 두말할 필요도 없이 당연하고 소중하다. 그러나 우리의 수비력(자주국방+핵우산)과 공격력(대북 제재+북한 민주화)이 함께 할 때만이 더 힘을 받을 것이며, 통일한국으로 가는 길은 더욱 탄탄해진다.

자유의 공기를 북한으로!

세계로 미래로 통일로

북한체제 변화를 위한 5化 전략

김정은의 핵 질주가 극으로 치닫는 가운데 윤석열 정부 앞에는 ▲문재인 정부 대북정책 실패를 반면교사反面敎師로 삼아 ▲북한을 당당하게 상대하면서 ▲북핵 문제 해결을 넘어 ▲남북관계의 새로운 지평을 열어 나가야 하는 중차대한 과제가 놓여 있다.

특히 필자는 당면한 최대현안인 북핵 문제와 관련하여 포괄적 개념의 '비핵화' 전략을 지속 추진해 나가되, 핀-포인트pin-point식의 다양한 '무용화無用化' 전략전술을 가미해야 할 때라고 강조한 바 있다.

북한체제를 보는 관점과
대북정책 기저基底

지금 우리사회에는 북한을 어떻게 봐야 하는가? 하는 해묵은 논란이 재연되고 있다. 이제는 이같은 소모적인 논쟁은 그만해야 한다. 이상주의든 현실주의든, 어느 한 논리만 가지고 분단국의 현실과 미래를 설명·재단할 수 없기 때문이다.

북한은 분명히 과거는 물론 현재도 여전히 우리에게 가장 큰 위협을 가하고 있는 '주적'이다. 김정은은 지난해 1월 개최된 8차 당대회(2021.1)에서 기존의 '全 한반도 공산화 통일' 목표에 '핵무력을 통한 무력통일' 노선까지 보강하였다. 이같은 의도는 최근 김정은을 비롯한 수뇌부의 "서울 주요시설 타격" 공갈로 더욱 분명해지고 있다.

그러나, 우리가 아무리 북한을 주적으로 규정하고 대비하더라도 결코 잊어서는 안 되는 게 민족의 분단을 끝내고 새로운 미래로 나아가기 위한 '대화와 협력의 상대자'이기도 하다는 점이다.

이런 과정에서 우리가 간과해서는 안 되는 게 있다. 바로 북한 주민들의 삶이다. 우리는 북한당국과 대화를 추진해야 하지만, 정경분리 원칙과 동포애·인류보편적 가치의 구현 차원에서 이들의 기본권에 대해 끊임없이 관심을 가져야 한다. 만에 하나라도, 김정은의 환심을 얻기 위해 비참한 현실을 방치하거나 이들을 돕는 사람들의 행동을 제어하는 것은 반인륜적·반민족적 행위가 아닐 수 없다.

| 5化 전략

필자는 새 정부가 미래지향적인 남북관계를 만들어 나가기 위해서는 ①핵을 넘어beyond nuclear ②대의명분 ③글로벌 협력과 같은 마인드에 기초하여 5化(비핵화, 자유화, 시장화, 친한화, 세계화) 전략을 ▲정세변화에 구애받지 말고 ▲가용한 공식·비공식 수단을 총동원하여 흔들림 없이 추진해 나가야 한다는 점을 강조한다.

가장 먼저, 새 정부는 북핵 문제 해결에 노력을 경주하되 '핵 문제에 포로가 되어서는 안 된다'. 국민들에게 '전쟁 對 평화'의 그릇된 이분법으로 불안감을 조성해서는 안 되며, 북한의 위협·도발에 당당히 대처해 나갈 수 있다는 자신감을 불어 넣어야 한다. 국가 역량을 우리 내부의 다양한 갈등을 해결하고 세계의 가치, 기술, 문화를 선도해 나가는 데 집중해야 한다. 핵 문제는 대통령과 전문

부서의 중요한 실무로 다루어 나가는 지혜가 요구된다.

다음으로 '명분을 잃으면 모든 것을 잃는다'는 것을 명심해야 한다. 문재인 정부의 지난 5년을 반면교사로 삼아야 한다. 자유 대한민국의 헌법정신, 국제법, 남북한 주민의 안위·기본권 등과 관련된 문제는 일시적으로 곤궁에 처하고 남북관계가 경색되더라도 절대 양보해서는 안 된다. 대한민국의 진정한 상대는 김정은이 아니라 5천만 우리국민이며, 2천5백만 북한주민이기 때문이다. 이를 위해서는 철 지난 감상적 민족주의나 김정은에게 매달릴 것이 아니라 '더넓은 세계로, 미래로' 나아가야 한다.

5化 전략은 이같은 대북정책 기조를 현실에서 구현해 나가기 위한 원칙이자 수단이다. 동 전략의 첫 번째는 누가 뭐래도 '북한 비핵화'다. 핵은 한반도 평화와 통일한국의 최대 장애물이다. 그렇지만, 우리가 서두른다고 해결되지 않는다. 정부는 ▲장기적인 안목과 당사자라는 관점을 가지고 ▲국제사회와의 유기적 공조를 이끌어 내면서 ▲북한을 설득·압박해 나가야 한다.

먼저 한·미 간에 '포괄적 비핵화 로드맵'을 성안하고 이를 북한에 공개적으로 제시해야 한다. 즉 북한의 셈법이나 밀실이 아닌 우리의 운동장으로 북한을 당당하게 불러내는 게 먼저다. 쉽지 않은 노정이 예상되므로, 우리는 자강自强과 한미동맹 강화에 주력하면서 북한체제 변화 노력을 병행해 나가야 한다.

두 번째, 비핵화는 하세월이 될 수 있다. 북한이 칼자루를 쥐고 있기 때문이다. 따라서 우리 스스로가 할 수 있는 북한체제 '자유화'를 위한 활동 비중을 높여 나가야 한다. 인간의 기본권은 선택이 아니라 필수다. 그 어떤 상황에서도 북한주민들의 인간답게 살 수 있는 권리가 침해받아서는 안 된다. 그러나 지난 정부는 이를 방기했다.

현 정부는 북한 주민의 이동과 신앙의 자유 보장, 라디오·TV채널 봉인 해제, 인터넷 개방, 공개처형 및 정치범 수용소 철폐 등을 국제사회와 공식·비공식적으로 연대하며 지속적으로 촉구해 나가야 한다.

세 번째는 '시장화'다. 북한의 경제난이 심해지고 국가가 주민들의 삶을 책임질 수 없게 되면서 사경제의 비중이 높아지고 있다. 전 주민의 70% 이상이 장마당을 기반으로 생계를 영위하며 다양한 정보를 접하고 있는 게 현실이다.

따라서 우리는 개성공단 운영 정상화 등 북한과의 경제협력 재개를 위한 노력을 지속 경주해 나가면서, 북한내 붉은 자본가를 주축으로 한 사경제 네트워크와의 접촉 채널을 적극 개척해 나가야 한다. 이는 시장화를 넘어 경제공동체 건설·자유 대한민국 사회에 대한 동경심을 유발시킬 수 있다.

네 번째는 이같은 시장화 활동 등을 통해 '친한화'를 함께 도모해 나가야 한다. 잘 아시다시피 독일통일은 동독주민이 서독으로의 편입을 원해서 이루어진 것이다. 우리는 조건 없는 인도적 지원, 경제문화교류 확대를 통해 대한민국의 발전상을 전파하고 민족 동질성을 유지, 확대해 나가야 한다.

북한이 코로나19를 구실로 국경을 폐쇄한 상태에서 반동사상문화배격법, 청년사상교양보장법, 평양문화어보호법 등을 제정하고 이중, 삼중의 주민 통제를 강화하면서 '밑으로부터의 변화'를 막아보려고 노력하고 있지만 대세를 거스를 수는 없다. 다양한 공식·비공식 접촉면 확대를 통해 외부 세계 소식, K-드라마 등 한류를 전파해 나가야 한다. 탈북민 대책 전면 재정비, 식량·의료품 등 지원(모니터링 강화), 새 세대 간 교류, 경평축구·콘서트 등 체육문화 행사 등도 좋은 소재가 될 것이다.

다섯 번째로 '세계화'도 매우 중요하다. 북한을 자력갱생에 기초한 폐쇄체제에서 글로벌 스탠다드 global standard가 작동하는 정상국가로 유도해야 한다. 북한 당국에게 비핵화에 호응할 경우 '경제부흥 청사진'을 제시하고 북한 경제특구의 활성화, 관료들의 시장경제 연수 확대, 북한의 아시아개발은행ADB 등 국제기구 가입 등을 설득해 나가야 한다.

북한체제 변화 활동에 더욱 주력해야

대한민국 통일방안(대북정책)은 '화해협력 → 남북연합 → 통일국가'의 3단계로 설정되어 있다. 그러나, 그 출발점인 제1단계가 북한의 호응과 선의에만 전적으로 의지하고 있는 게 가장 큰 문제점이다.

5化 전략은 '화해·협력' 단계에서 비핵화와 북한 체제 변화를 동시에 추진해 나가는 복합적·실천적 방안이다. 북한을 더 크게 종합적인 시각paradime에서 접근한다. 북핵에만 매달리는 게 아니라, 김정은과 북한 사회를 직격하여 '위로부터의 변화'와 '아래로부터의 변화'를 동시에 모색해 나간다.

우리가 국내외적 여러 여건상 북한의 레짐 체인지regime change를 공식 목표로 내세울 수는 없지만, 동·서독 통일의 교훈에서 보듯이 북한체제를 차분하게 변화시켜 나가면 북한 내부에서 큰 변혁, 급변사태가 일어나 평화적 편입통일의 기회를 맞이할 수도 있다.

　특히 당면현안인 북핵 문제와 관련해서 김정은이 비핵화를 계속 거부하거나 더디게 진전시키더라도, 우리 정부가 "닭 쫓던 개 지붕 쳐다보는 격"이 되는 상황은 피할 수 있다는 게 가장 큰 장점이라고 할 수 있다. 통일부·외교부 등 정부 내 안보부처의 보다 창의적이고 구체적인 논의를 기대해 본다.

'승거목단 수적천석'

繩鋸木斷 水滴穿石

: 먹줄로 톱질해도 계속 하면 나무가 잘리고, 물방울이 한곳에 계속 떨어지면 돌이 뚫린다!

국가정보원 혁신 로드맵

전직 국정원장을 포함한 많은 사람들이 국정원이 벤치마킹해야 할 정보기관으로 이스라엘의 '정보 및 특수임무연구소'MOSAD나 미국의 '중앙정보국'CIA를 얘기한다. 이 두 기관이 정보역량은 물론이고 자국 국민들로부터 무한 신뢰를 받는 기관이기 때문일 것이다.

그러나, 필자는 "우리 체형과는 맞지 않다"는 점을 지적하지 않을 수 없다. 여러분도 저의 다음 질문에 대답해 보면 어느 정도 이해가 될 거라고 생각한다. "혹시 늘씬한 모델이 입은 옷이 좋아 보여, 무턱대고 사서 낭패를 경험한 일이 직·간접적으로 없었는지?"

'모사드'도 'CIA'도 아닌, '한국형 정보기관'이어야

'모사드'는 주변 아랍국과의 피비린내 나는 전쟁 속에서 국가존립이라는 단 하나의 목표를 달성하기 위해 싸우는 전투형 정보기관이다. ▲암살·테러·도청 등 온갖 비합법적인 공작이 국민들로부터 박수(묵인)를 받고 ▲모든 정보활동은 오로지 수상 1인에게만 보고되며 ▲모사드는 모든 국정활동에 참여할 수 있다. 그리고 정부기관과 국민들은 적극 협조해야 한다. 과연 우리 국민들이 이같은 '모사드형' 국정원을 원할까?

'CIA'도 마찬가지이다. 미국 중앙정보국은 전 세계를 상대하는 조직이다. 미국의 패권을 유지하고 자유민주주의의 가치를 전파하기 위해 독재자를 암살하고 정부를 전복하는 활동까지도 암암리에 수행하는 조직이다. '세계경찰형 정보기관'이라고 할 수 있다. 주적主敵이자 대화상대인 북한을 정조준해야만 하는 대한민국 정보기관이 모델로 삼기에는 부적절한 조직이다.

결론적으로 국가정보원은 '모사드'도 'CIA'도 아닌, '한국형 정보기관'이어야 한다. 과거 박정희 시절의 '무소불위無所不爲 중앙정보부'로의 회귀를 국민들은 바라지 않는다. ▲국내 정치에서 완전히 떠나 ▲정권안보를 위한 기관이 아닌 ▲국가안보와 국익 증진을 위한 다양한 정보를 제공하는 ▲그래서 국민들로부터 신뢰받고 내실 있는 정보기관이 될 것을 요구받고 있다.

바람직한 국정원 모습과 임무

윤석열 정부, 아니 자유 대한민국의 국정원은 '순수 안보·국익 정보기관'으로 진화해 나가야 한다. 이를 위해서는 3대 목표, 즉 ① 정보의 수집·평가 및 피드백 시스템 고도화 ②자유민주주주의 체제 파괴세력 색출 ③북한의 정상국가화 유도에 총력을 경주해 나가야 한다.

그러나, 문재인 정부는 5년 내내 국정원에 대한 그릇된 고정관념과 피해의식에 사로잡혀 국가안보의 최후보루이자 국익창출의 선봉대인 국정원의 조직과 정체성을 크게 훼손시켰다.

가장 대표적인 게, 문재인 정부 출범 직후 국내업무를 담당하는 수집-분석 부서 2곳을 아무런 보완조치 없이 폐지한 것이다. 잘 아시다시피, 현대는 글로벌 지구촌 시대이다. 국내정보와 해외정보

를 구별하는 것은 불가능하다. 국내에서 해외와 연계되어 다양한
활동을 수행하기 때문이다. 국내도 해외에 못지않은 북한·해외정
보의 보고寶庫이다.

그럼에도, 고리타분한 지역 개념으로 국내정보 조직을 무 자르
듯이 잘라 폐지했다. 그 이후 국내에서의 인간정보 수집 활동Humint
은 범죄시 되고 있다. 정보를 취득할 수 있는 그 어떤 법률·제도적
대체장치, 보완책도 마련되지 않았다. 국내가 정보의 사각지대로
변했다. 상처가 심해져 사지四肢를 잘라내는 수술을 했으면, 의수·
의족義手·義足이라도 만들어 주는 게 상식이 아닌가? 대통령과 국정
원장의 직무유기를 지적하지 않을 수 없다.

두 번째, 국정원은 문재인 정부의 적폐수사 광풍狂風에 휘말려
세계 정보기관 역사상 유례를 찾아볼 수 없는 흑역사를 겪었다. 직
원의 방패막이가 되어야 할 서훈 원장이 상명하복上命下服의 전통하
에 묵묵히 임무를 수행해온 동지들을 보호하기는 커녕, 방치하고
사지死地로 내몰았다. 모든 정보가 수록된 메인 서버가 외부인들에
게 열렸다. 국정원장 4명을 비롯한 수많은 간부와 직원들이 조사
받고 구속되었다. 전직 고위간부는 이를 '학살'이라고 통탄하였다.

"문재인 정권의 '국정원 학살'은 문명국가에서 일어날 수 없는 참변

이다. 서훈 국정원장은 취임 직후 적폐청산 TF를 출범시켜 소위 '27개 의혹 사건'의 전면 조사에 들어갔다. 현직 257명, 전직 94명 등 351명이 검찰 조사를 받았고 현직 7명, 전직 39명 등 46명이 재판을 받았다. 현재까지 38명이 유죄가 확정됐고 4명이 재판계류 중이며 4명은 무죄가 됐다. 이와는 별도로 500명이 넘는 직원이 마구잡이 감찰 조사를 받았다. 그 큰 소동 끝에 '적폐 사건' 연루가 확인돼 징계받은 직원은 10여 명에 불과하다. 과거사 청산 작업에 협조한다면서 국정원 서버와 문서를 샅샅이 뒤져 부마항쟁 자료 132건 1,447쪽, 5·18 진상 규명 자료 101건 6,888쪽 및 영상자료 258건, 세월호 관련 자료 68만여 건을 마구잡이로 외부에 제공해 국정원에는 비밀이 없어졌다. 이제 국정원은 완전히 초토화됐다."

- 염돈재 전 국정원 1차장, 월간조선,
2022년 5월호에서 재인용

옳고 그름의 여부를 떠나, 정보기관이 초토화·황폐화 되었다. 정보기관은 '국가안보와 국익 수호'를 위해 합법과 비합법의 영역을 넘나들 수 있게 국가가 보장한 유일한 기관이다. 상명하복·비밀엄수가 생명처럼 여겨지는 곳이다. 국가와 국민에 대한 무한 충성심을 가지고 궂은 일dirty job을 하는 곳이다. 그렇지만 지금은 예전의 국정원이 아니다. 사명감이 크게 훼손되었다. 그 누가 애써 궂은 일을 하려고 하겠는가? 어려운 일을 하지 않으니 전문성과 신임도는 시간이 흐를수록 자연히 떨어지고 있다. 악순환의 연속이다.

세 번째, 북한이 대남 적화통일에 전혀 변화를 보이지 않았고, 오히려 더욱 노골화하고 있는데도 불구하고 '대공수사권'을 경찰에 이양(2024년 1월까지 잠정유예)하는 결정을 하였다. 이런 상황에서 어떤 수사관이 10년, 20년이 걸릴 수도 있는 간첩 색출·처벌 작업(내사와 재판)을 끈기 있게 추진해 나가겠는가? 간첩·종북세력들만 마음 놓고 활개치는 세상이 되었다.

경찰과 정보기관은 임무, 인사관리, 수사기법 등이 엄연히 다르다. 무엇보다도 안보는 중복·잉여의 개념이 적용되는 곳이다. 왜 평시에 50만 군대를 먹여주고, 재워주고, 언제 사용할지도 모를 고가 무기를 구입하는지를 생각해 보면 너무나 자연스럽게 알 수 있는데 말이다.

덧붙여, 조직의 통합은 인원·예산·노하우know-how·협조망 등이 우월한 곳으로 이루어지는 상식과도 전혀 맞지 않는다. "전세계적인 네트워크를 가진 명품시계 제조사와 국내에만 공장이 있는 전자시계사는 각각 운영해 나가는 게 좋지만, 굳이 통합을 해야 한다면 어디로 합치는 것이 좋을까?"라는 질문으로 필자의 생각을 전해본다.

네 번째, 간첩색출·방첩 등 자유민주주의체제 수호보다는 '남북

관계 개선'에 업무의 중점을 두면서 국가안보 공백과 정체성 혼란이라는 큰 문제점을 노정했다. 청와대는 서훈·박지원 원장 내정 사실을 발표하면서 남북관계의 돌파구를 개척할 수 있는 적임자라고 했다. 국정원은 북한의 전략전술을 평가하고, 간첩을 잡는 게 주主 임무인데, 주객主客이 바뀌어도 한참 바뀌었다.

특히 박지원 원장은 북한의 입장을 대변하는 듯한 발언을 수시로 하면서 국정원의 모토를 새긴 원훈석院訓石을 통혁당 간첩사건으로 20년간 복역했던 간첩 신영복의 서체로 새기는 상식 이하의 행동(2021.6.10.)까지 자행했다. 김일성의 악령을 국가정보기관의 앞마당으로 불러들인 것이다. 정치인 출신 원장다운 대통령에 대한 과잉 충성이라고 치부하기에는 국정원 전·현직 직원들의 영혼(정체성)이 너무나 크게 상처를 받았다.

"한국의 사상가 신영복을 존경한다."

- 2018.2.9. 문재인 대통령의 평창동계올림픽 개회식 리셉션 시 발언, 신영복은 1988년 위장전향서를 쓰고 출소한 후 양심수를 자처하며 활동

다섯 번째, 또 한편으로는 "정보기관이 정책을 다루는 게 맞느냐?", "부문정보기관 지도·협업 시스템 제도화" 등 해묵은 과제도 미해결된 채로 있다.

향후 주요
개편방향 안案

앞서 얘기한 것처럼, 윤석열 정부는 문재인 정부와는 다르다. 안 보를 강조하고 있다. 따라서 현재 틀을 존중하면서 운영의 묘를 살려 나가는 실용적 처방을 하고 있다. 특히 야당이 의회의 절대 다수를 차지하고 있는 '여소야대' 상황도 고려하지 않을 수 없을 것이다.

따라서, 단기적으로는 성사 여부를 떠나 법률·제도적 장치 보완 노력을 계속해 나가면서 ▲정보 수집·평가 시스템 고도화 ▲국가안 보실을 비롯한 안보부처와의 유기적 협조체계 구축 ▲그동안 방치되다시피 한 대공수사 역량의 정상화에 역점을 두면서 ▲남북 간 대화와 교류·협력 개척자가 아닌 북한체제 변화를 선도해 나가는 데 역량을 보다 집중해 나가야 할 것이다.

그러나, 이러한 노력만으로는 한계가 분명하므로 미래지향적인 새로운 '정보공동체IC: Intelligence Community' 개념 도입과 법률·제도적 장치 보완을 장기과제로 적극 검토해 나가야 한다. 새로운 정보공동체 도입 문제는 야당도 반대할 명분이 크지 않다. 신임 국정원장은 원院 활동의 정상화 노력과 함께 정보기관 대변혁에도 큰 관심

세계로 미래로 통일로

을 가지고 검토, 제안해 나가야 할 것이다.

필자는 중장기적인 개편 방향으로 ①정책부서 원장실과 정보부서 차장실로의 이원화와 협업('제왕적 국정원장제 개혁') ②개편된 원장실과 대통령실 산하 국가안보실과의 일체화(정책 컨트롤타워 역할) ③군, 경찰, 정부 내 안보부처 등 부문정보기관과의 수직적·수평적 업무 시스템 법제화('미국식 정보공동체 개념 도입') ④대공수사권 경찰 이관 무효화('대공역량 강화') ⑤계급정년제 폐지 및 새로운 직무능력 제고 시스템 도입('사기 진작·업무 효율성 제고') 등 5가지 테마를 제안해 본다.

혹시 거대 야당이 피해의식과 고정관념을 벗어나지 못하고 이같은 발전방안을 반대한다면, 입법 환경이 바뀌어질 수 있는 2024년 4월 총선 이후가 좋은 시점이 될 수 있다. 따라서 그동안은 정보계·학계 등과의 유기적 협조하에 21세기 4차 산업혁명 시대를 뒷받침해 나갈 새로운 국정원, 자유 대한민국의 정보공동체 像을 진지하게 검토, 논의해 나가야 할 것이다

국민으로부터 신뢰받는
반듯한 국가정보기관

　북한이 가장 두려워하는 조직은 국가정보원이다. 그리고 세계 각국은 세기적 대변혁기를 맞아 국가정보기관의 안보와 국익을 위한 '선봉대·신경망' 역할을 강화해 나가고 있다. 특히 김정은은 최근 들어 핵·미사일 고도화 질주와 함께 우리를 향한 공갈을 더욱 노골화하고 있다.

　국가정보기관의 역할이 그 어느 때보다도 중요한 시기이다. 국정원은 1961년 6월 창설된 이후 영욕榮辱의 시간을 거쳤지만, 이미 과거 중앙정보부나 국가안전기획부와 같은 무소불위의 인권침해·정치개입 기관이 더 이상 아니다. 그동안 정권이 교체될 때마다 개혁을 빌미로 조직이 해체되고, 유능하고 경험 많은 전문가들이 잘려 나갔다. 문재인 정부 들어서는 '법률·제도적 학살'까지 당하였다. 정보기관의 특성상 그 속살을 들여다볼 수는 없지만, 문제점이 없다면 오히려 그것이 비정상일 것이다.

　국정원을 조속히 정상화시켜 나가야 한다. "구더기 무서워 장 못 담그는" 우愚를 범해선 안 된다. 그렇다고, 새로운 괴물이 되게 해서는 절대 안 된다. ▲다양한 견제·감독 장치하에서 '일만큼은 제대로 할 수 있는 조직' ▲안보와 국익을 막후에서 선도·지원해 나가는 '지능형 네트워크 정보기관'으로 발전시켜 나가야 한다.

이를 위해 대통령실과 국정원에 제안한다. 우선 급한대로 ▲국정원이 주체가 되어 안보부처 간 정보공유시스템과 국민 개개인들이 자발적으로 참여하는 '안보·국익 첩보 제공을 위한 통합정보시스템(인센티브식 보상제)'을 구축해 보자. 그런 가운데 ▲법률적·제도적으로 국가안보실·국정원·군·경찰·안보부처 모두가 참여하는 '정보공동체'를 창설하는 문제도 진지하게 검토해 나가길 바란다.

국가안보기관이 바르게 서야, 선진 자유 대한민국 건설·한반도 평화체제 구축·조국 통일이라는 우리의 소망도 차분히 실현해 나갈 수 있다. 안보는 현실이고 미래다!

통일은 과정이다

'통일은 이상이나 목적이 아니라 현실이고 과정이다.' 필자의 지론이다. 이런 의미에서 통일부가 대통령 신년업무보고를 통해 "기존 민족공동체 통일방안을 업그레이드한 새로운 통일구상을 준비하겠다"고 밝힌 것은 매우 시의적절하다고 생각한다.

┃ 명칭

대한민국 통일방안은 건국 후 이승만 대통령의 북진통일론으로 시작되어 많은 변천사를 겪었지만, 지금의 통일방안은 ▲1989년 9월 노태우 대통령이 제안한 '한민족공동체 통일방안'이 모태가 되어 ▲1994년 8월 김영삼 정부가 완성한 1민족·1국가·1체제·1정부 통일국가를 지향하는 '민족공동체 통일방안'이다.

명칭에서 나타나 있듯이 '민족'과 '공동체'를 강조하였다. 지금 이 시기 문제가 되는 것은 민족 개념이다. 21세기는 바야흐로 지구촌 시대다. 국가는 여러 민족이 함께 어우러져 있다. 대한민국도 예외가 아니다. 다민족·다문화는 저출산·고령화 시대의 핵심코드이며 앞으로 더욱 가속화 될 것이다. 민족에 매달리는 것은 변화하는 시대 흐름에 역행하는 것이다. 북한도 통일전선전술 차원에서 '우리민족끼리'를 계속 강조하고 있지만, 김정은 집권 이후 '우리국가제일주의'가 강조되고 있다.

따라서 '민족' 표현을 통일한국이 지향해야 할 가치를 포함하는 새로운 용어로 대체하는 것이 필요하다. 그것은 무엇일까? 바로 공산주의와 자본주의 대결에서 승리를 이끌었고, 지금 개인과 국가의 자유·평화·번영을 보장해 주고 있는 '자유민주주의'다.

혹자는 이런 관점을 흡수통일론의 연장선이라고 비판할지 모른다. 그렇지만 단연코 아니다. 통일은 이상이나 절충이 아니다. 우월한 체제로 자연스럽게 모아지는 과정이고 현실이다. 갑작스럽게 찾아올 수도 있다. 독일통일이 대표적인 예라고 할 수 있다. 따라서 필자는 새로운 통일방안의 명칭으로 '자유민주공동체 통일방안'을 제시해 본다.

통일방법

'민족공동체 통일방안'은 점진적·단계적 통일의 기조하에 화해·협력 → 국가연합 → 통일국가의 3단계로 구성되어 있다. 그러나 이념과 정치체제가 완전히 다른 국가끼리 원활한 화해·협력이나 국가연합을 형성한다는 것은 거의 불가능에 가깝다는 것이 지나온 역사는 물론 현실에서도 똑똑히 목도하고 있다.

혹자는 2002년 6월 김대중-김정일 정상회담에서 논의한 '국가연합과 낮은 단계의 연방제 절충'이라면 체제가 상이하더라도 별문제가 없다는 견해를 보이고 있으나 ▲세계사적으로 이념과 체제가 다른 국가가 연방국가를 형성한 사례가 없고 ▲혹여나 이질적인 체제끼리 외형적으로 통일을 하더라도 결국은 또다시 분열, 전쟁으로 귀결된다는 게 예멘의 사례에서 확인되었다. ▲멀리 볼 필요도 없다. 지나온 남북관계사만 보더라도 그것이 얼마나 허망한 탁상공론 인지를 확실히 알 수 있다.

결론은 통일로 가기 위해서는 '화해·협력'의 1단계에 앞서 체제 동질성을 제고시키는 과정이 반드시 필요하다는 것이다. 물론 "화해·협력 단계가 그걸 위해 있는 것 아니냐"는 반문도 있을 수 있지만, 유사성이 옅을 경우 자유왕래·화폐 통합과 같은 고차원적 길은 고사하고 교류·협력 초보 단계로 가는 것도 힘든 게 경험적 사실이다.

따라서 0단계로 '북한체제 정상화 과정'을 추가해야 한다고 본다. 그래서 북한주민들이 동독주민들처럼 스스로 남북통일을 원하게 하는 게 필요하다. 필자는 북한 변화를 추동하기 위한 과정으로 비핵화·자유화·시장화·세계화· 친한화의 '5화 전략'을 제시한 바 있다.

국내통일이
먼저

새 통일방안 구상은 당연히 대한민국을 대표하는 지성과 전문 학자들의 몫이다. 그렇지만 가능한 많은 국민들이 참여하는 형태로 진행하는 게 좋다. 그래야만 정당성은 물론 강한 추진력, 영속성을 가질 수 있다. 아이디어 공모, 국내외 순회 공청회, 주요국 학자 자문 등의 과정을 거치면 좋겠다.

특히 이런 기회를 통해 국민들이 북한체제의 이중성·위험성, 그리고 통일이 국내외의 복잡한 변수가 작용하는 지난한 과제임을 자연스럽게 알게 해야 한다. 그러나 우리 사회는 오랜 기간 동안 상상 속의 보고 싶은 북한, 소망성 통일을 주장하는 사람들의 목소리가 국민들의 눈과 귀를 가렸다. 이로 인해 안보태세가 걱정스러울 정도로 허물어졌다. 국민들에게 실상을 제대로 알리고 자신감도 심어주는 게 급선무다.

"국가의 평안함과 위태로움은 옳고 그름을 구분할 수 있는가의 여부에 달려 있는 것이지, 힘이 강하고 약함에 달려 있는 것이 아니다"安危在是非 不在於强弱라는 한비자의 말이 떠오른다. 아무쪼록 이번 논의가 바른 대북관·통일관의 모멘텀이 되기를 기원해 본다.

통일은 현실이고 과정이다. 절대 서둘러서는 안 된다. 장기적인 관점을 가지고 모든 시나리오를 상정하여 차근차근 준비해 나가야 한다.

세계로 미래로 통일로

남북한 통일방안 비교

구 분	민족공동체 통일방안	고려민주연방공화국 창립방안
통일철학	자유민주주의	주체사상
통일원칙	자주,평화,민주	자주,평화,민족대단결
통일주체	민족구성원 모두	프롤레타리아 계급
전제조건	-	국가보안법 폐지, 공산주의 활동 합법화, 주한미군 철수
통일과정	화해협력→남북연합→통일국가 완성(3단계) * 민족사회 건설 우선 (민족통일 → 국가통일)	연방국가의 점차적 완성 (제도통일은 후대에) * 국가체제 존립 우선 (국가통일 → 민족통일)
과도 통일체제	남북연합 정상회담에서「남북연합헌장」을 채택, 남북 연합기구 구성·운영 * 남북합의로 통일헌법 초안 → 국민투표로 확정	-
통일국가 실현절차	통일헌법에 의한 민주적 남북한 총선거	연석회의 방식에 의한 정치협상
통일국가 형태	1민족 1국가(1체제 1정부)의 통일국가	1민족 1국가 2제도 2정부의 연방국가
통일국가 기구	통일정부, 통일국회(양원제)	최고민족연방회의, 연방상설위원회
통일국가 미래상	자유,복지,인간존엄성이 보장되는 선진 민주국가	김씨일가가 영구통치하는 북한식 사회주의 국가

※ 김정은, '핵을 기반으로한 무력통일 노선' 당규약에 새로이 명문화
"조선로동당은 남조선에서 미제의 침략무력을 철거시키고 남조선에 대한 미국의 정치군사적 지배를 종국적으로 청산하며 온갖 외세의 간섭을 철저히 배격하고 강력한 국방력으로 근원적인 군사적 위협들을 제압하여 조선반도의 안전과 평화적 환경을 수호하며 민족자주의 기치, 민족대단결의 기치를 높이 들고 조국의 평화통일을 앞당기고 민족의 공동번영을 이룩하기 위하여 투쟁한다."

- 2021.1. 8차 당대회 개정 당규약

* 『2021 통일문제 이해』, 통일교육원, 2021.2. p.190, 표를 인용하여 보완

천천히 서둘러라

필자는 6년 전 문재인 정부 출범에 즈음하여 「새 정부 대북정책 양 날개로 날아야」 제하의 시론(2017.5.11.자 중앙일보)를 통해 대한민국의 대북정책이 균형적·입체적으로 전개되어야 함을 강조한 바 있다.

그러나 아쉽게도 문재인 대통령은 '외날개'로만 날았다. 레토릭 rhetoric과 소망만 가득했다. 그리하여, 김정은으로부터 무시당하고, 국론은 분열되었고, 국제사회로부터는 의아스러운 눈초리를 받았다.

윤석열 정부는 이같은 참담한 실패를 지속적으로 반면교사로 삼아야 한다. 소망이나 단기 이벤트 위주의 소아적小我的 접근이 아닌, 정확한 진단과 장기적인 관점에 기초한 대승적大乘的 정책을 추진해 나가야 한다. 이번 글을 쓰면서 『북핵과 분단을 넘어』 책자를 발간(2022.3.)했을 때에 이어 다시 한 번 믿기지 않는 경험을 했다. 너무나 놀랍게도, 6년 전 시론이 지금도 여전히 유효하다는 것을 발견했다. 그래서 그 글을 가감 없이 아래에 전재한다.

대북정책은
의지와 양 날개로

새 정부가 출범했지만 그 앞에 놓인 현실은 녹록지 않다. 안팎의 많은 기대와 달리 유사 이래 최고의 시련과 도전에 직면할 가능성도 크다. 북한의 핵실험 엄포, 한·미의 고고도미사일방어체계 THAAD 조기 배치로 한반도를 둘러싼 정세가 극도로 혼미한 가운데, 대통령 선거 과정에서 나타난 세대·지역·이념적 갈등 국면이 금방 아물어질 가능성도 크지 않다.

그러나, 시간은 우리를 기다려 주지 않는다. 예측 불가능한 김정은은 물론이고 주변 4강의 스트롱맨들과 힘겨운 씨름 싸움을 통해 대한민국의 국익을 지켜내면서 북한의 비핵화, 한반도의 평화를 달성해 나가야 한다.

새 정부 1-2년은 북핵 위기 해소를 위해 매우 중요한 시기이다. 김정은의 핵질주를 멈추게 하지 않으면 한반도의 평화와 안정은 요원하다. 북한의 핵개발이 진보정부 햇볕정책의 부산물인지, 아니면 보수정부의 원론적 강경정책의 탓인지를 두고 한가롭게 논쟁할 때가 아니다. 검은 고양이든 흰 고양이든 쥐만 잘 잡으면 된다는 '흑묘백묘론'에 입각해 북핵 위기를 하루빨리 해소해야 한다.

철저한 안보태세를 구축한 가운데 북한 비핵화와 자유민주주의 가치 전파를 정책의 최우선을 두고 압박stick과 대화carrot의 투 트랙을 동시에 활용해 나가야 한다. 이를 위해서는 대북정책과 통일 방안에 대한 국민공감대 결집이 필수적이다.

대북정책은 대략 5가지 사항을 명심해야 할 것이다. 첫째, 북한 비핵화는 절대 양보할 수 없는 大전제다. 북한으로부터 핵 포기 약속을 받지 않은 상태에서 핵실험 유보-핵 동결이라는 유화 제스처에 스스로 현혹되면 그간 어렵게 쌓은 공든 탑이 무너지고 김정은이 만든 틀frame에 또다시 갇히는 우愚를 범할 수 있다.

둘째, 남북대화와 인도적 지원도 대북 제재와 함께 우리의 소중

한 전략적 자산의 한 축으로 적극 활용해야 한다. 셋째, 자유민주주의 체제의 가치를 북한 내부로 다양하게 전파하는 노력을 해야 한다. 특히 이 문제와 관련해서는 북한과 어떠한 타협도 있어선 안 되며, 한순간도 머뭇거려서는 안 된다.

넷째, 북한의 변화와 급변, 전쟁 발발 등 각종 시나리오를 면밀히 점검해야 한다. 다섯째, 지난 정부 대북정책의 부정과 단절이 아니라 계승, 발전시켜 나가야 한다. 이것은 선택이 아니라 필수라고 할 수 있다.

새 정부는 이러한 5대 기본 원칙에 입각해 장기(통일방안), 중기(3년), 단기(1년)의 대북정책 로드맵을 수립, 시행해 나가야 한다. 북핵 위기 해소를 위해 대통령을 위원장으로 여야, 진보·보수, 정부·민간이 함께 참여하는 가칭 '북핵 위기 해법 모색과 자유민주 통일국가 건설을 위한 민관합동위원회'(약칭:북핵통일위원회)를 신설할 필요도 있다.

당면한 북한 비핵화는 국제사회의 전방위적인 대북제재 압박과의 긴밀한 공조하에 '출구론적 관점'에서 대처해 나가야 할 것이다. 물론 선 비핵화-후 평화 체제 논의가 가장 바람직하다. 그렇지만, 비핵화가 대화의 전제조건, 즉 입구론이 되어서는 논의가 한치도 앞으로 나갈 수 없는 게 현실이다. 따라서 최종단계에서 비핵화가 완성되는 로드맵이 북한과 관련 국가들이 받아들일 수 있는 현실적인 안이 될 것이다.

이와 관련하여 정부는 그동안 부지불식간에 방기한 대북 관리력과 주도력을 회복하는 차원에서 반기문 전 유엔사무총장 또는 대통령 최측근을 북핵 특사로 파견하는 문제를 신중하게 검토할 필요가 있다. 이러한 과정에서 우리 정부가 유의할 점은 조급한 행동은 북한의 오판을 초래하고 미국 등 우방국들과의 정책 균열로 이어질 수 있다는 점이다. 치밀한 판단과 미국 등 우방국과의 사전 사후 공조는 필수다.

한편 미·중을 비롯한 주변국의 출구전략, 코리아 패싱Korea passing에 대해서도 항상 경계의 눈을 놓지 않아야 할 것이다. 그리고 무엇보다도 수령 1인이 모든 것을 좌지우지하는 북한의 '단선형 정치문화' 특성을 고려해 김정은과의 비공식 대화 창구를 조속히 복원해야 한다.

현 정부 임기 내, 아니 앞으로 1-2년은 북한의 핵개발과 국제사회의 대북 제재 국면이 벼랑 끝에서 만나 어떤 형태로든 해결의 방향이 잡혀가는 변곡점critical point이 될 것이다.

세계로 미래로 통일로

북한 핵을 머리에 이고서는 대한민국의 발전도, 향후 자유민주 통일한국의 건설도 생각할 수 없다. 따라서 국가의 모든 역량을 총동원하여 북핵 해결의 단초를 마련하는 데 정책의 최우선 순위를 두어야 한다.

단기적으로는 대북 제재의 동력 유지, 중기적으로는 비핵화, 장기적으로는 통일이라는 거대 담론을 유념할 필요가 있다. 이런 과정에서 혹시 소망성 사고wishful thinking에 기초한 단기 전술 또는 장기전략에 일방적으로 집착하거나, 또는 우리 입장만을 고집하여 국제사회의 물밑 논의에서 소외되는 우를 범하지 않도록 각별히 유의해야 할 것이다.

맺음말:
천천히 서둘러라Festina lente

그렇지만 전임 정부기간 동안 정론正論에 담긴 정책적 대안은 실천되지 않았다. 아쉽게도, 문재인 정부는 냉혹한 국제정치의 현실과 북한체제의 대전략·이중적 행보를 무시하고 ▲무지개만 보면서 ▲지름길만을 고집했고 ▲같이 가기 보다는 고집스럽게 홀로 가려 했다.

윤석열 정부는 이같은 과오를 반면교사反面教師, 타산지석他山之石으로 삼고 국민과 국제사회의 눈높이에 맞는 정책을 추진해 나가야 한다. 의지가 확고해야 하고 외 날개가 아닌 양 날개로 날아야 한다.

이를 위해서는 ①국론 결집 ②3축 체계 완비 등 자강自强 노력 ③한미 동맹 등 국제사회와의 유기적 공조 강화가 매우 중요하다. 이를 바탕으로 김정은에게 '비핵화 로드맵'과 '북한개발 청사진'을 제시하면서 "핵은 계륵이다. 오히려 정권 안정에 손해가 될 것 같다"는 인식을 가지게끔 하는 노력을 지속적으로 전개해 나가야 한다.

필자는 이를 비핵화 목표를 달성하는 중간 과정, '무용화'無用化 전략전술이라고 명명하였다. 이와 함께 북한체제를 위·아래로부터 변화시키는 '5化'(비핵화, 자유화, 시장화, 친한화, 세계화) 전술을 병행 추진해 나간다면 북핵위기 해소는 물론 한반도 평화체제를 성공적으로 구축해 나갈 수 있을 것이라고 확신한다.

아무쪼록 윤석열 정부가 로마의 최전성기를 이끈 아우구스투스 황제의 좌우명, '천천히 서둘러라'Festina Lente의 정신을 곱씹어 보길 바란다. 북핵 문제의 근원적 해결과 한반도 평화 체제 구축은 북한의 정상국가화가 먼저다. 무조건 만나 대화한다고 해결될 일이 아니다. 전략전술적 마인드를 가지고 차분하게 당당하게 북한과 주변국들을 상대해 나가야 한다. 독일 통일의 교훈을 잊지 말자. 통일은 소망이나 구호rhetoric로 이뤄지는 게 아니라, 안보태세와 국력을 튼튼히 하면서 주민들과 주변국의 마음을 살 때 가능한 것이다.

유비무환有備無患, 국론통합國論統合,
주동작위主動作爲, 적수천석滴水穿石!

에필로그

간결의 미학,
이성과 감성의 앙상블

　에필로그는 쓰지 않으려 했습니다. 제가 하고픈 이야기
는 「서문」에서 했기 때문입니다. 그런데 막상 책을 마무리
하는데 뭔가 2% 부족하다는 마음이 들었습니다. 꼭 하고 싶
은 말이 한 가지 더 남아 있었던 것입니다. 그렇다고 서문에
넣을 성격은 아니었습니다. 그래서 마치는 글을 간단히 쓰
기로 했습니다.

　이번 『세계로 미래로 통일로』 책은 『북핵과 분단을 넘어』
(2022.3 출간)의 후속작으로 북한의 전략전술과 바른 통일로

가는 길을 다뤘습니다. 주제의 성격상 다소 복잡하고 딱딱할 수밖에 없습니다. 그래서 필자는 가능한 알기 쉽게 객관적으로 서술하려 노력했고, 좀 더 가까이 다가서기 위해 구어체와 핵심 요약 방법까지 가미하기도 했습니다.

이 모든 행동은 하나라도 더 정확한 정보를 전달하고, 1㎝라도 더 독자 곁으로 다가서고 싶은 개인적 바람 때문이었습니다.

아무쪼록 사계 전문가님들은 물론 매일매일 북한 관련 다양한 흥미성 뉴스와 해설에 노출되어 있는 일반 독자님들의 바른 북한관·통일관 정립에 조금이라도 도움이 되었으면 합니다.

끝으로 제 지론이자 이번 책의 화두인 『세미통-』(세계로 미래로 통일로) 정신을 다시 한 번 강조하면서, 제 어설픈 자작시 「새봄」으로 인연因緣의 징검다리를 하나 더 놓아 봅니다.

새 봄

땅
생명
보슬비
해무지개
백화제방가(歌)

봄이 왔네 봄이
자연에도 내생에도
자 떠나자 더넓은 세계로

수
고요
뱃고동
철석철석
햇살합주곡(曲)

봄이 왔네 봄이
바다에도 내생에도
자 잠기자 영원의 세계로

산
적막
백팔배
풍경소리
산사교향악(樂)

봄이 왔네 봄이
산~에도 내생에도
자 다놓고 하심의 세계로!

감사합니다. 행복하세요~^^

2023년 봄날에

천장산 기슭 봉아재逢我齋에서

세계로 미래로 통일로

이 책의 내용은 2022년 3월 이후 데일리NK, 조선일보, 신동아 등에 기고한 정론이 기본이 되었다. 각 테마별 출처는 명기하지 않았으며, 보다 세부적인 내용에 관심이 있는 분은 ▲'원코리아센터' 홈페이지와 ▲'저자의 저서'『김정은 대해부』,『김정은과 바이든의 핵시계』,『북핵과 분단을 넘어』,『윤석열 對 김정은』등 4종을 참조하면 된다.